HEYNE

Das Buch

Die gechannelten Botschaften in diesem Buch sind nicht nur tröstlich, sondern machen Mut. Denn die Geistige Welt weiß um unsere Ängste und Nöte, aber auch um unsere Sehnsüchte, Ziele und Wünsche, und möchte uns helfen zu verstehen, warum wir bestimmte Erfahrungen in unserem Leben machen und was es in unseren Beziehungen zu lernen gilt. Letztendlich geht es darum, im Einklang mit der Schöpferkraft und dem höchsten göttlichen Plan zu leben – sinnhaft und lebensbejahend.

Die Autorin

Leila Eleisa Ayach beschäftigt sich seit ihrer Jugend intensiv mit der nicht sichtbaren Welt. Die Durchgaben der Seelenverträge, die sie aus geistigen Sphären erhielt, bewirkten eine tiefe Transformation in ihrem Leben. Ihr Anliegen ist es, den Mitmenschen zu helfen, sich wieder zu spüren und im Einklang mit der Seele und dem höchsten göttlichen Plan zu leben. Leila Eleisa stammt aus Deutschland und lebt heute in der Schweiz bei Zürich.

Leila Eleisa Ayach

SEELEN VERTRÄGE

Absprachen in Liebe

Wie vorgeburtliche
Lebenspläne unser Schicksal
beeinflussen

WILHELM HEYNE VERLAG
MÜNCHEN

15. Auflage

in der Penguin Random House Verlagsgruppe GmbH,
Neumarkter Straße 28, D-81673 München
produktsicherheit@penguinrandomhouse.de

Umschlaggestaltung: Guter Punkt, München,
unter Verwendung von Motiven von © darkbird / adobestock;
© ogre64 / gettyimages; © yaldizli / gettyimages
Satz: Schaber Datentechnik, Austria
Druck: GGP Media GmbH, Pößneck
Printed in Germany

ISBN 978-3-453-70367-4

www.heyne.de

Inhalt

Vorwort

Der Inhalt dieses Buchs ist mir im Jahr 2008 durchgegeben worden. Gerade jetzt, in dieser Zeit der großen Transformationen und Veränderungen, ist es für jede einzelne Person elementar, sich mit dem Herzen und dem Weg der Seele zu öffnen und sich für den höchsten göttlichen Willen zu entscheiden. Es wird jeder gebraucht, damit der Planet Erde wieder zu dem wird, was es einst war:

Ein gesunder Planet mit höchst entwickelten Menschen, die sich ihrem göttlichen Wesen voll und ganz bewusst sind und in tiefer Achtung und Liebe vor der Schöpfung im Einklang mit dem Willen Gottes ihr Leben gestalten.

Momentan haben wir im Außen genau das Gegenteil auf Erden. Unsere Welt wird von Lügen und Abscheulichkeiten beherrscht. Wir sind Sklaven einer kleinen Gruppe von Menschen, die geleitet von ihrem Ego und durch Manipulation leben, denen das Schicksal der Menschheit völlig egal ist, die nur ihre eigenen niederen Interessen auf Kosten der Menschheit und des Planeten verfolgen. Um zu verhindern, dass es bei diesen unerträglichen Zuständen bleibt, bedarf es bewusster, informierter und erwachter Menschen. Menschen, die sich nicht mehr manipulieren lassen. Menschen, die sich ihrer eigenen Seele bewusst sind. Menschen, die sich des Schöpfers, Gott, bewusst sind. Menschen, die im Vertrauen sind, die sich ihrer Lebensaufgabe, dem Plan ihrer Seele bewusst sind und sich dafür einsetzen, die Ziele ihrer Seele zu verwirklichen, auch wenn es noch so vieler Hürden, Lebensveränderungen und Anstrengungen bedarf.

Jeder, der den Plan seiner Seele verwirklicht, ist im Einklang mit dem Willen Gottes und dient mit seinen Talenten der Menschheit und dem Planeten Erde. Den eigenen Seelenplan muss jeder für sich selbst herausfinden. Um dies zu können, bedarf es zuerst dem Willen und der Arbeit an sich selbst und einer guten Abgrenzung gegenüber dem Umfeld (Im Umfeld befinden sich immer Menschen, die versuchen, einen vom Seelenweg abzubringen.). Der Seelenplan sind die Herzenswünsche, zu unterscheiden von dem, was das Ego einem einredet. Nur der wirkliche Seelenplan wird Erfüllung finden, nicht die oberflächlichen Wünsche des Egos. Deswegen bedarf es auch einer gewissen Zeit, den wirklichen Plan der Seele zu erkennen. Oft ist es eine Vision, die einen immer verfolgt, die man allerdings häufig verwirft. Um die Stimme des eigenen Herzens zu erkennen, bedarf es der Stille und Ruhe. Es ist eine Herausforderung in unserer lauten Welt, inmitten einer »Just-have-fun«-Gesellschaft, Ruhe zu finden.

Werden wir doch permanent abgelenkt und betäubt, vor allem auch, um uns von unserem wahren Ich und unserem Seelenplan zu entfernen.

Die Schöpfung braucht jeden erwachten Menschen. Jeden!! Es ist höchste Zeit, sich aus der Bequemlichkeit herauszubewegen und konsequent und beharrlich bewusster zu werden und JA zum Willen Gottes zu sagen und sich nicht mehr vom Ego in die Irre führen zu lassen.

Der vorliegende Band ist eine Einführung und aktiviert im Menschen das Bewusstsein, dass es tatsächlich einen Plan der Seele gibt. Dies ist der erste Schritt. Der Einzelne muss sich dieses Wissens erst mal bewusst werden. Dann kann die Reise beginnen, durch kontinuierliche Arbeit an sich selbst. Das ist der Weg und jeder Mensch wird diesen Weg ohne Ausnahme (in diesem oder späteren Leben) gehen. Es ist nur eine Frage der Zeit, wann derjenige den Weg antritt.

Ich wünsche mir von Herzen, dass jeder Leser in seinem Herzen erinnert wird und anfängt, sich auf den Weg zu begeben, seine Aufgaben bewusst wahrnimmt und so seinen Anteil für einen großen Bewusstseinswandel auf Erden leistet. Nicht jede Seele wird sich in diesem Leben für diesen Weg und den Wandel entscheiden, aber jede Seele, die sich dazu entscheidet, bewirkt Großes für das gesamte Ganze im Hier und Jetzt.

Leila Eleisa Ayach

Ursprung der Seelenverträge

Die Geistige Welt grüßt euch. Jeden Einzelnen von euch, der diese Zeilen liest! Wir wissen, wer dieses Buch liest. Wir kennen jeden Einzelnen von euch. Wir wissen um eure Sorgen, Ängste und Nöte. Wir wissen darum!

Wir wollen euch helfen. Ihr habt so viele Fragen, und wir wollen einen Großteil dieser Fragen beantworten. Immer wieder fragt ihr: Warum passiert mir dieses und jenes? Warum erlebe ich immer wieder die gleichen Verletzungen? Warum wiederholen sich bestimmte Situationen in meinem Leben immer wieder? Ich fühle mich so machtlos und ausgeliefert. Ich habe die Kontrolle verloren. Warum scheitern meine Beziehungen immer wieder? Warum habe ich meinen Arbeitsplatz verloren? Warum habe ich so viele Menschen verloren, die ich liebe? Fragen über Fragen. Wir wissen darum!

Und wir sagen euch: Ihr seid nicht machtlos, sondern habt nur vergessen, wer ihr seid!

Ihr habt die Göttlichkeit in euch vergessen, die Ziele eurer Seele.

Ihr habt vergessen, wer ihr seid. Deswegen wollen wir eure Hauptfragen beantworten.

Damit ihr eure Fragen beantworten könnt, müsst ihr um das Geheimnis und das Wirken der Seelenverträge wissen. Ihr müsst erkennen, dass ihr, bevor ihr diese Inkarnation angetreten seid, mit eurer Seelenfamilie, den Seelen, mit denen ihr inkarniert seid, Verträge abgeschlossen habt. Diese Verträge legen die Situationen und Verhaltensweisen des Einzelnen fest. Ziel dieser Verträge ist es, dass sich die Seele die alten Verletzungen und Ängste aus vergangenen Inkarnationen, die sie in das neue Leben hineinbringt, anschaut und ausheilt. Das kann sie nur, wenn sie durch das Verhalten der anderen Seelen »darauf gestoßen« wird.

Ihr habt euch alle für diese Inkarnation zum Ziel gesetzt, die komplette Heilung zu erfahren und euch wieder zu erinnern, wer ihr seid. Es geht um »Erwachen«, um euren Weg, der euch zum Erwachen führt. Mit dem Prozess des Erwachens erkennt ihr euch wieder. Ihr werdet euch wieder eurer Fähigkeiten und Talente bewusst. Ihr werdet euch eures Selbst wieder bewusst. Ohne den Spiegel eurer Umwelt, ohne dieses Beziehungsgefüge könntet ihr euch eure Verletzungen und Ängste nicht anschauen. Darin liegt der Schlüssel zu eurer vollkommenen Heilung in allen Bereichen eures Lebens – in allen Bereichen!

Wir wollen euch helfen zu erkennen, zwischen den Erscheinungen der Dualität und der Wirklichkeit dahinter zu unterscheiden. Die Dinge der Dualität sind nie so, wie sie scheinen. Wir werden euch helfen, damit ihr immer wieder euren Fokus von der Dualität auf die Wirklichkeit lenken könnt. Ihr werdet eure Verträge erkennen!

Ihr werdet eure Ängste und Verletzungen anschauen, um sie dann loszulassen und zu heilen. Ihr werdet erkennen, dass, wenn ihr euch heilt, sich euer gesamtes Umfeld verändert. Ihr werdet euch wieder eurer eigenen Stärke und Macht bewusst und merken, dass ihr keiner Situation machtlos ausgeliefert seid.

Eure Herausforderungen und die Lösungen habt ihr selbst festgelegt. Ihr seid bloß zu sehr gefangen in der Dualität. Der Schleier des Vergessens lastet schwer auf euch. Diesen wollen wir von euch nehmen!

Während ihr diese Zeilen lest, öffnet weit euer Herz. Euer Verstand wird zwischendurch rebellieren, wir wissen das, aber euer Herz und eure Seele werden diese Zeilen aufnehmen, und wir können mit euch arbeiten.

Wir wissen, wer diese Zeilen liest. Wir wissen es!

Entstehung der Dualität

Am Anfang war die Einheit, es war alles ALL-EIN, bis zu dem Zeitpunkt, als das Experiment Erde entstand. Lemurien, Atlantis – große Epochen. Am Anfang dieser großen Epochen war noch alles in der Einheit, es war das sogenannte Goldene Zeitalter. Die Menschen erfuhren sich in der göttlichen Einheit als göttlicher Mensch. Jeder befand sich in vollkommener Harmonie mit seinem Höheren Selbst, dem göttlichen Kern, der jedem Menschen innewohnt, der ICH-BIN-Gegenwart.

Die Dualität, wie ihr sie heute erfahrt, war damals in diesem Ausmaß nicht vorhanden. Die Seele inkarnierte, lebte aber trotzdem in der göttlichen Einheit weiter, auch wenn sie sich in einem menschlichen Körper erfuhr.

Die Dualität beziehungsweise die Verdichtung der Dualität begann mit dem sogenannten Fall Luzifers. Luzifer, einer der höchststehenden Engel Gottes, erklärte sich voller Liebe bereit, zu erfahren, wie es ist, sich von der göttlichen Quelle getrennt zu erleben.

Sich von der göttlichen Quelle getrennt zu erleben ist, zu vergessen, wer man ist.

Dualität ist der »Schleier des Vergessens«. Wie Luzifer habt ihr vergessen, wer ihr seid, und ihr seid euch eurer Seelenverträge nicht mehr bewusst. Luzifer erklärte sich bereit, sich von der göttlichen Quelle getrennt zu erfahren. Das war der Beginn der Dualität. Was geschah, war außergewöhnlich. Luzifer explodierte in Abermilliarden-Billionen Partikel und verstreute sich über die Erde. Es war der Beginn der Dunkelheit. Nach und nach schleuste sich die dunkle Energie ein – in Lemurien, in Atlantis. Die Energie und die Dualität verdichteten sich. Es gab Seelen, die für das Licht arbeiteten, und Seelen, die sich der dunklen Seite zuwandten.

Viele »Krieger des Lichts« wurden in den dunkelsten Zeiten von Atlantis verfolgt und aufgrund ihres Wissens und ihrer Arbeit für das Licht getötet.

Machtmissbrauch, gefährliche wissenschaftliche Experimente, die nicht in Übereinstimmung mit dem höchsten göttlichen Licht standen, wurden zur Regel. Das Dunkle zog immer mehr ein, und Gott entschloss sich, Atlantis untergehen zu lassen.

Die sogenannte »Sintflut« setzte ein. Einige Atlanter, die für das Licht arbeiteten, konnten fliehen und das Wissen von Atlantis in verschiedene Kulturen hineintragen – Ägypten, Indien, Südamerika, um nur einige zu nennen. Dieses Wissen von Atlantis und Lemurien kommt jetzt wieder beziehungsweise ist schon längst da. Viele alte Seelen aus Atlantis und

Lemurien sind jetzt inkarniert, um die Erde in das Goldene Zeitalter zu führen.

Es findet jetzt ein Umkehrungsprozess statt. Seit Christi Geburt findet der Umkehrungsprozess statt, vom Tiefpunkt der Dualität und des Vergessens, hin zum Erwachen des göttlichen Menschen, wie einst in den Goldenen Zeitaltern von Lemurien und Atlantis. Ihr seid vollkommen im Goldenen Zeitalter, wenn Luzifer sich wieder erinnert, wer er ist. Ein goldener Engel – einer der höchststehenden Engel!

Luzifer wird sich wieder erinnern, wer er ist: die Liebe selbst. Ab diesem Augenblick befindet sich die Menschheit wieder im Goldenen Zeitalter, und der Planet Erde hat seine Schwingungserhöhung abgeschlossen.

Dualität, Schleier des Vergessens, Erwachen

Am Anfang der Zeiten inkarnierte die Seele als göttliches Wesen in einem menschlichen Körper. Es war der göttliche Mensch auf Erden.

Mit Zunahme der Luzifer-Energie auf der Erde wurde die Materie zunehmend dichter. Dadurch ging es immer mehr in die Dualität, in die Dichte hinein. Der Mensch fühlte sich zunehmend getrennt von der göttlichen Quelle. Er erfuhr sich als ein von Gott getrenntes Wesen und war sich seines göttlichen Kerns nicht mehr bewusst.

Ein tiefer Schleier des Vergessens fiel über die Menschheit. Abgetrennt von der göttlichen Quelle fühlte sie sich machtlos dem Schicksal ausgeliefert. Ihrer Selbstbestimmung beraubt, fingen die Menschen an, sich zu bekämpfen, es entstand ein Mangeldenken. Der Mensch lernte, nicht mehr in der Fülle zu leben wie in den Goldenen Zeitaltern, sondern im Mangel und in der Angst. Der einst göttliche Mensch hatte seine Macht abgegeben an seinen nun ständigen Begleiter – das Ego. Das Ego richtete den Einzelnen immer mehr auf Angst, Mangel und Machtlosigkeit aus und sorgte für ein Getrenntsein von der göttlichen Quelle. Es versuchte, den göttlichen Kern nicht ans Ziel kommen zu lassen. Der einst göttliche Mensch auf Erden war nun umhüllt von einem dicken Schleier des Vergessens und sich seiner Göttlichkeit nicht mehr bewusst.

In diesen Zeiten findet ein Umkehrprozess statt. Das Jahr von Christi Geburt hat den Umkehrprozess eingeläutet. Ging die Menschheit bis zu diesem Zeitpunkt zunehmend in die Dualität, findet seitdem der umgekehrte Prozess statt. Die Menschheit bewegt sich wieder auf ein Goldenes Zeitalter zu, das sogenannte Wassermannzeitalter. Der Schleier des Vergessens wird immer mehr von den Menschen genommen, immer in dem Ausmaß, wie sie es zulassen. Jedem, der den geistigen Weg geht und dem Ruf seiner Seele folgt, wird der Schleier des Vergessens genommen. Er »erwacht«!

Der Erwachungsprozess ist nichts anderes, als sich seiner Göttlichkeit wieder bewusst zu sein. Er ist die Wiederentwicklung zu dem, was der Mensch schon immer war: ein göttlicher Mensch auf Erden. Sich SEINER SELBST BEWUSST SEIN heißt, den Schöpfer in sich zu erkennen. Es heißt, Verantwortung für sein Leben zu übernehmen. Nicht die anderen sind Schuld (wobei SCHULD an sich nicht existiert; es gibt keine Schuld!), nicht Gott ist verantwortlich für das Leid oder bestimmte Herausforderungen. Nein! Die Seele selbst hat es vor der Inkarnation festgelegt, im sogenannten »Seelenvertrag«. Und die Seele hat auch die Lösungen festgelegt. Zusammengefasst heißt »Erwachen«, sich zu erinnern, wer man ist. Es heißt auch, in die Klarheit zu kommen, sich seines Weges bewusst zu sein.

Es heißt, bewusst in Harmonie mit seinem Seelenplan und den dort angelegten Talenten und Potenzialen zu leben. Mit der Klarheit und dem Erwachungsprozess geht Hand in Hand auch der Heilungsprozess einher. Es wird alles aufgelöst. Ängste und Träume, die jede Seele im Laufe ihrer vielen Inkarnationen immer wieder mit in die erneute Inkarnation bringt, können und werden durch den Erwachungsprozess endlich angeschaut und geheilt.

Erwachen bedeutet:
ERINNERUNG, KLARHEIT, HEILUNG.

In der Regel führt derjenige, der sich entschieden hat, den geistigen Weg zu gehen, nicht mehr dasselbe Leben wie zuvor. Vieles, was nicht mehr zu dem Weg gehört, muss zurückgelassen werden, um Platz für Neues zu schaffen. Es sind keine einfachen Prozesse, sondern es ist ein Weg mit Gefahren, eine Gratwanderung, weil auf dem Weg zum Erwachen der gewohnte Gefährte des Menschen – das Ego – alles versuchen wird, dass dieser Erwachungsprozess nicht stattfinden kann.

Es ist so, wie es ist. Aber die Seele, das Licht, der göttliche Kern im Menschen ist stärker, und das Ego wird weichen. Der Mensch kann erwachen! Darum ist der Weg zum Erwachen kein gradliniger, einfacher, sondern ein Weg mit Herausforderungen und Prüfungen, die Reise des Helden in die Unterwelt. Der Held bricht voller Freude auf, und auf seiner Reise begegnet er Dämonen, Ungeheuern und unvorhersehbaren Herausforderungen. Er begibt sich in die Unterwelt, meistert alle Herausforderungen und kommt ans Ziel.

Am Ziel angekommen, ist er nicht mehr derselbe wie am Anfang seiner Reise. Er ist geläutert, musste durch viele Ängste hindurchgehen, sich vieles anschauen und ständig über sich selbst hinauswachsen. Anscheinend hat er auf seiner Reise vieles verloren, was er ans Ziel mitnehmen wollte, doch am Ziel selbst spielt es keine Rolle mehr, denn er ist ein anderer Mensch. Er hat sich selbst erkannt und ist sich plötzlich vieler verborgener Talente bewusst, die er ohne diese Herausforderungen nie erfahren hätte. Am Ziel ist er sich seiner Macht bewusst. Er hat die Angst zurückgelassen, weil er durch diese Angst hindurch musste. Er ist sich SEINER SELBST BEWUSST. Er weiß, wer er ist. Das, was er zurücklassen musste, kümmert ihn nicht mehr, weil er es jetzt nicht mehr braucht. Das Ziel selbst ist wiederum Ausgangspunkt für eine neue, weitere Wanderung, denn der Held ist sich jetzt seiner Fähigkeiten voll und ganz bewusst und möchte sie mit seinem neuen Bewusstsein einsetzen.

Der erwachte Mensch ist ein anderer geworden. Es ist kein einfacher Weg zum Erwachen, aber der Lohn ist groß. SELBST-BEWUSST-SEIN, die Rückgewinnung der eigenen MACHT und SELBSTBESTIMMUNG. Mit dem Erwachen ist man sich seines SEELENPLANS bewusst.

Das Buch des Lebens – die Akasha-Chronik (Seelenplan)

Mit dem Erwachen ist man sich seines Seelenplans bewusst. Was heißt das? Die Seele des Menschen ist unsterblich – sie war, ist und wird immer sein! Sie erfährt sich in den verschiedenen Inkarnationen immer wieder aufs Neue in einem menschlichen Körper, Gott erfährt sich durch uns immer wieder aufs Neue in einem menschlichen Körper. Wir sind alle miteinander verbunden, weil wir alle Gott in uns tragen. Und dieser göttliche Anteil in uns erfährt sich in einem menschlichen Körper.

Bevor eine Seele inkarniert, schreibt sie ihr bevorstehendes Leben in das Goldene Buch des Lebens – die Akasha-Chronik. Diese enthält die Seelenpläne jedes Wesens auf Erden.

Beschließt eine Seele, wieder zu inkarnieren, baut sie ihre Erfahrungen der vorhergehenden Inkarnationen mit ein, knüpft quasi an diese an. Jede Inkarnation bietet wieder eine erneute Möglichkeit der Heilung. Schmerzen, Herausforderungen, die in den vorhergehenden Inkarnationen nicht geheilt oder angenommen werden konnten, sollen jetzt die Möglichkeit der Auflösung und Heilung erhalten.

Wie ein roter Faden zieht sich das Ziel der Seele – Erwachen – durch alle Inkarnationen. Letztendlich bereitete jede Inkarnation auf das »Erwachen« in dieser einen Inkarnation vor, die im Übergang zum Goldenen Zeitalter stattfindet – die Zeit, in der wir jetzt leben.

Aus diesem Grund erlebt die Menschheit jetzt einen entscheidenden Wandel. Große Verwirrung findet statt, viele verlieren ihre Arbeit, Trennungen geschehen, Weltbilder brechen zusammen. Viele Menschen leiden unter körperlichen Beschwerden, Burnout, Depressionen. Der Klimawandel ist längst da, und Sicherheit gibt es nicht mehr.

Alles unterliegt einem ständigen Wandel. Die Zeit »rast«. Nichts ist mehr, wie es einmal war. Vertraute Strukturen brechen zusammen. Die Angst unter den Menschen ist groß. Viele können nicht mehr einordnen, was passiert. Warum?

Die Menschheit steht an der Schwelle zu einem komplett neuen Zeitalter – dem Goldenen Zeitalter oder Wassermannzeitalter. Es ist das Zeitalter des göttlichen Menschen auf Erden, in dem jeder Mensch erwacht sein wird.

Es ist das Zeitalter, in dem der Mensch in Freiheit und Selbstbestimmung lebt, seine Schöpferkraft lebt und selbstbestimmt in Harmonie mit seinem Seelenplan, in Harmonie mit dem höchsten göttlichen Plan des Lichts, sein Leben gestaltet.

Es ist das Zeitalter, in dem der Mensch endlich wieder in Harmonie mit Mutter Erde, Lady Gaia, und seinen Geschwistern, den Tieren, lebt.

Es ist das Zeitalter, in dem es keine Kriege mehr gibt, sondern weltweit Frieden herrscht. In dem der einst größte Krisenherd der Welt, der Nahe Osten, wieder zu einem Paradies erblüht, das Zeitalter des Goldenen Jerusalems.

Es ist das Zeitalter, in dem es keinen Hunger mehr gibt, keinen Mangel, keine Umweltverschmutzung. In dem jeder in der Fülle und ein erfülltes Leben in allen Bereichen lebt.

Es ist das Zeitalter, in dem es keine Krankenhäuser mehr gibt, sondern um die Gesunderhaltung geht.

Es ist das Zeitalter, in dem ihr so vollkommen anders lebt als jetzt.

Genau aus diesen Gründen kann in dieses Neue Zeitalter nichts hineingebracht werden, was den alten Energien entspricht. Ihr dürft keine alten Energien, veraltete Vorstellungen und Strukturen mit hineinbringen.

Das sind die Gründe für dieses scheinbare »Chaos«, draußen in der Welt, aber auch in eurem Innern. Ihr müsst jetzt alle auf den Ruf eurer Seele hören. Tut ihr es nicht freiwillig, werdet ihr »gestoßen«. Sei es dadurch, dass ihr eure Arbeit verliert, unter Burnout oder körperlichen Beschwerden leidet.

Und warum geht ihr in ein Neues Zeitalter?

Weil ihr es alle so beschlossen habt. Ihr alle habt in eure Seelenpläne hineingeschrieben, dass ihr in dieser großen Zeit dabei sein wollt.

Ihr wollt einen Beitrag zur vollkommenen Heilung von Mutter Erde und der Menschheit leisten. Das habt ihr euch alle nicht nehmen lassen. Also seid ihr da und arbeitet an eurer Heilung, weil ihr dadurch gleichzeitig Lady Gaia heilt.

Und ihr wollt endlich das in Einsatz bringen, worauf ihr euch die vergangenen Inkarnationen vorbereitet habt: endlich erwachen und sich wieder als göttlicher Mensch auf Erden erfahren.

Bevor ihr inkarniert, schreibt ihr in das Goldene Buch des Lebens, wie ihr euch erfahren wollt. Wichtig ist euch immer die Heilung alter Verletzungen, alles, was euch davon abhält, als göttlicher Mensch auf Erden zu leben.

Zum Beispiel wird eine Seele, die ein großer Heiler ist und Angst hat, diesen Heiler aufgrund von Verfolgungen und Hinrichtungen zu leben, die sie in früheren Inkarnationen wegen der Heilertätigkeit erlebt hat, die Situationen in diesem Leben so festlegen, dass sie dieses Urtrauma endlich heilen kann. Ziel dieser Inkarnation ist zum Beispiel zu erwachen und den Heiler in der Öffentlichkeit wieder leben zu können.

Der Seelenplan einer Seele ist ein ausgeklügeltes System an Verknüpfungen mit den Seelenplänen anderer, da nur durch die Resonanz mit anderen Seelen Heilung und Erwachen möglich ist. Nur durch die Resonanz mit anderen Seelen entstehen Situationen und Herausforderungen des Lebens, in denen eine Seele sich erfährt und wächst. Dieses System der Verknüpfungen mit anderen Seelen sind die »Seelenverträge«.

Seelenverträge

Ein Seelenvertrag ist eine Absprache zwischen zwei Seelen, durch bestimmte Verhaltensweisen und Situationen das gegenseitige geistige Wachstum zu fördern.

Es beinhaltet, in welcher Konstellation zwei Seelen sich zueinander befinden, wann sie aufeinandertreffen. Das heißt, es gibt keine »Zufälle«. Alles, was einem Menschen in seinem Leben widerfährt, jede Herausforderung, jeder angebliche Verlust, jeder Schicksalsschlag ist von der Seele selbst festgelegt worden, bevor sie inkarnierte. Es dient einzig und allein dem Zweck, sich zu erfahren und spirituell zu wachsen. Und die Seele hat auch für die scheinbar auswegloseste Situation Lösungen zur Verfügung gestellt. Es gibt keine Herausforderung, für die es keine Lösung gibt.

Seelenverträge entstehen unter den Seelen, die der gleichen Seelenfamilie angehören. Seelenfamilien sind Seelen, die immer wieder zusammen inkarnieren und sich in jeder Inkarnation die Möglichkeit geben, sich zu heilen. Vor jeder Inkarnation finden Absprachen statt, wer was machen möchte. Eine Seele möchte sich als Mutter erfahren, die andere erklärt sich bereit, das Kind zu sein. Wieder eine andere ist der Ehemann. Die Seele der Mutter wollte zum

Beispiel die Erfahrung machen, wie es ist, alleinerziehend zu sein. Also beinhaltet der Seelenplan zwischen der hier inkarnierten Frau und dem Mann, dass es zu einer Trennung kommt. Es sind Absprachen der Liebe.

Bei einer anderen inkarnierten Familie kommt es zum Beispiel vor, dass das zehnjährige Kind an Krebs stirbt. Es war eine Absprache unter diesen Seelen. Durch den frühzeitigen Tod und dem damit einhergehenden Schicksalsschlag fangen die Eltern an, sich mit der Geistigen Welt zu beschäftigen. Sie wollen mehr herausfinden. Durch diese Erfahrungen wollen sie wiederum anderen Familien in der gleichen Situation helfen und gründen eine Organisation zur seelischen Unterstützung für Eltern, deren Kinder schwer krank sind, und vermitteln spirituelles Wissen. Der Tod des eigenen Kindes führte zu spirituellem Wachstum und lässt die Eltern lernen, dass die Seele unsterblich ist. Sie finden ihren Weg, ihre wahre Berufung, können erwachen und erkennen den Tod ihres Kindes als ein Geschenk.

Ein anderes Beispiel: Mobbing am Arbeitsplatz. Eine Seele suchte sich das Thema »Wert« heraus. Wie sieht es mit meinem Selbstwert aus? Wie viel bin ich mir wert? Durch die Schwierigkeiten am Arbeitsplatz lernt die Seele, sich zu behaupten und nicht mehr als Opfer zu fühlen, sondern als eigenständige Persönlichkeit, die sich ihrer Stärke und Macht bewusst ist und die niemand mehr wagt, zu »mobben«. Auch hier handelte es sich um eine Absprache zwischen zwei Seelen. Die eine wollte lernen, sich ihres Wertes und ihrer Macht bewusst zu werden und sich von ihrem Opferdenken zu befreien. Die andere erklärte sich aus Liebe bereit, den Part des »Täters« zu übernehmen.

Deshalb – es gibt keine Zufälle! Wenn ihr erkennt, dass ihr Schöpfer seid und eure Herausforderungen selbst ausgesucht habt, dann seid ihr frei und wisst auch, dass es für jede Herausforderung eine Lösung gibt und ihr alles meistern könnt. Ihr erkennt, dass euch jede Situation zum Erwachen führen möchte.

Ihr erkennt, dass es letztendlich darum geht, euer ganzes Potenzial zu erfahren und zu leben. Es führt euch zum Ziel eurer Seele: zum göttlichen Menschen auf Erden. Und das Erkennen, dass jede Herausforderung und jede Konstellation mit anderen Menschen abgesprochen ist, ermöglicht euch das Wichtigste überhaupt, um Heilung zu erfahren: VERZEIHEN. Verzeiht – es ist so wichtig, dass ihr verzeiht, denn es löst die Verhärtungen aus eurem Herzen. Verzeiht – es ist so wichtig! Es ist der Schlüssel zur Heilung, der Schlüssel zum Erwachen, zur allumfassenden Liebe. Wenn ihr verzeiht, macht ihr den Weg frei. Ihr heilt nicht nur euch, ihr heilt mit dieser Energie auch den Menschen, dem ihr verzeiht.

Egal, in welcher Situation, so hart und schwierig und anscheinend nicht lösbar sie ist – denkt daran, es sind Absprachen unter Seelen, die der gleichen Familie angehören und sich lieben. Es geschieht alles aus Liebe, auch wenn es euch in eurer Dualität schwerfällt, es euch vorzustellen.

Denkt daran, jede Situation, mag sie noch so schwierig und scheinbar unlösbar sein, hat eine Lösung. Und wer hat die Lösung festgelegt? Ihr. Ihr als Seele habt die Lösung festgelegt, bevor ihr inkarniert seid. Deswegen – es gibt keine Situation und Herausforderung ohne Lösung. Es ist genial. Es ist ein genial ausgeklügeltes System von Absprachen zwischen den Seelen, in der jede einzelne in ihrem Wachstum gefördert wird. Würde jede inkarnierte Seele hier auf Erden um dieses System wissen, es wäre sofort ein anderer Planet. Würde jede Seele erkennen, dass sie ein göttlicher Mensch auf Erden ist und ihr alles zur Verfügung steht, um ein Leben in Fülle und Liebe zu kreieren, weil sie als Seele für jede Herausforderung die Lösungen bereitgestellt hat, wüsste sie, dass es in ihrem Herzen eine Lösung gibt, und die Lösung könnte sofort abgerufen werden und würde nicht durch negatives Denken blockiert werden. Wir hätten einen anderen Planeten. Es würde keine Angst mehr geben. Die Menschen hätten ihre Macht wieder. Es könnte keine Kriege mehr geben. Jeder Mensch wäre sich bewusst, dass er ein göttlicher Mensch auf Erden ist.

Wie könnte ein göttlicher Mensch auf Erden Angst haben? Er würde einiges durchschauen. Das System, so, wie es jetzt besteht, würde kippen. Die Strukturen, so, wie sie jetzt sind, könnten nicht aufrechterhalten werden, weil sie auf der Angst der Menschen aufgebaut sind. Und genauso wird es sein. Die Strukturen bröckeln jetzt weltweit, weil sie nicht in die Neue Zeit mitgenommen werden können.

Und das spürt jeder Mensch auf Erden. Es verändert sich alles, viele bekommen dadurch Angst und fühlen sich, als ob ihnen der Boden unter den Füßen weggezogen würde. Aber es hängt damit zusammen, dass ihr euch in ein Neues Zeitalter hineinbegebt: ein Goldenes Zeitalter des göttlichen Menschen auf Erden.

Das sollte jeder wissen. Jeder! Momentan befindet sich dieses Zeitalter in den Geburtswehen. Das ist schmerzhaft. Nichts ist mehr so, wie es einmal war.

Aber – jede Seele auf Erden wollte dabei sein, ihren Beitrag dazu leisten, dieses Neue Zeitalter mit zu erschaffen. Und dann wundert ihr euch, wenn ihr einen Arbeitsplatz verliert, der in keiner Weise mehr euren Fähigkeiten entspricht?

Mit dem Verlust des Arbeitsplatzes werdet ihr auf den Weg gebracht. Ihr werdet dadurch angestoßen, einen vollkommenen Richtungswechsel vorzunehmen.

Viele Seelen haben beschlossen, in die Selbstständigkeit zu gehen. Das Individuelle wird wieder Einzug halten. Ungewöhnliche neue Ideen werden jetzt auf Erden hervorgebracht, in jedem Bereich.

Das steckt dahinter. Es ist eine Art Weckruf der Seele. Im Neuen Zeitalter werden viele neue Berufe entstehen. Es geht schon los, schaut euch um.

Darum: Schaut hinter die Dinge. Es gibt eine Dualität, so, wie ihr es in der Dreidimensionalität erfahrt, und dahinter gibt es eine Wirklichkeit. Versucht, euch immer wieder die Wirklichkeit vor Augen zu führen. Das, was immer wieder versucht, den Blick in die Wirklichkeit zu verhindern, ist das Ego. Ego sorgt für Angst, Hass, Sicherheitsdenken, Ausweglosigkeit. Ego möchte verhindern, dass ihr den Weg zum göttlich erwachten Menschen auf Erden schafft!

Aber wisset: Die Wirklichkeit ist stärker. Das hat auch jeder in seinem Seelenvertrag festgehalten. Jede Seele, die es sich zum Ziel gesetzt hat, in der Zeit der Übergangsphase und im Goldenen Zeitalter selbst zu inkarnieren, hat festgelegt, dass die Wirklichkeit gewinnt und das Ego irgendwann weichen wird.

Wichtig ist jedoch für euch zu wissen, dass das Ego auf eurem Weg immer wieder versuchen wird, euch »anzugreifen«. Ego existiert nicht in der Wirklichkeit, nur in der Dualität. Es ist etwas vom Menschen Geschaffenes, sozusagen der kleine Luzifer, der in jedem von euch steckt. Ohne Ego würde es keine Dualität geben.

Ihr geratet immer wieder hinein, entscheidend ist aber, es zu erkennen und sich wieder davon zu distanzieren. Das ist das Entscheidende. Ihr seid nun mal Menschen, die in der Dualität leben.

Ein weiteres Merkmal der Dualität ist die »Zeit«.

Zeit

Was ist Zeit? Zeit ist ein Hilfsmittel der Dualität und dient der Reduktion von Komplexität. Sie ist ein Hilfsmittel, um euch als Mensch zu orientieren und unterstützt euer lineares Denken. Das ist ein wichtiges Merkmal zur Unterscheidung zwischen Dualität und Wirklichkeit.

In der Wirklichkeit gibt es keine Zeit! Zeit existiert nicht. Alles befindet sich im Hier und Jetzt. Es existiert auch kein lineares Denken.

Euer Zeitempfinden ist, genauso wie das Ego, nicht in der Wirklichkeit vorhanden, ihr habt aber in der Dualität die Möglichkeit, Zeit zu beschleunigen. Ihr könnt eure Entwicklung, eure Heilung und euer Erwachen beschleunigen. Kein Leid, keine Herausforderung muss ewig dauern.

Wie könnt ihr beschleunigen?

Indem ihr in die Absicht geht, hinter die Dinge zu schauen, euch von der Dualität zu distanzieren und die Dinge vom Standpunkt der Wirklichkeit aus zu betrachten. Indem ihr einen anderen Blickwinkel von Situationen bekommt. Anschauen, erkennen, loslassen, heilen. So könnt ihr sofort die Lösung herbeiziehen. Das Betrachten der Wirklichkeit erfordert Loslassen. Ihr schaut euch eine Situation vom Blickwinkel der Wirklichkeit an, erkennt die Seelenverträge, erkennt, was ihr lernen sollt. Dadurch könnt ihr verzeihen, lasst Zorn und Frustration los und könnt so Heilungsenergie und die Lösungen in euer Leben eintreten lassen. Ihr findet Frieden mit dieser Situation, könnt das Vergangene endlich loslassen und euch für das Neue öffnen. Es ist so wichtig, das Loslassen.

Schafft ihr es, zu verzeihen, Frieden mit der Situation zu finden und loszulassen, können sich die Türen öffnen. Lösungen finden sich ein, neue Perspektiven und Möglichkeiten eröffnen sich für euch. Die Dinge können sich schlagartig zum Positiven wenden, weil ihr begriffen habt. Zeitbeschleunigung findet statt.

Je öfter ihr euch von der Dualität distanzieren könnt und die Dinge vom Blickwinkel der Wirklichkeit aus betrachtet, desto schneller könnt ihr die Dinge beschleunigen, und desto schneller entwickelt ihr euch.

Ihr selbst bestimmt das Tempo eurer Entwicklungen, eures Lebens.

Niemand kann sagen, wie lange ihr in dieser oder jener Situation verharrt, wann endlich die Heilung oder Lösungen kommen. Niemand – weil ihr es selbst seid, die das Tempo eurer Entwicklung bestimmen.

Darum seid ihr in der Dualität eure eigene Zeit. Je schneller ihr euch immer wieder von der Dualität distanzieren könnt, desto schneller könnt ihr manifestieren und heilen und euch für die Wunder in eurem Leben öffnen, die ihr als Seele für euch festgelegt habt. Und ihr habt vor eurer Inkarnation nicht nur die Herausforderungen festgelegt, sondern auch viele Belohnungen, schöne Erlebnisse, die der Meisterung der scheinbaren Schwierigkeiten folgen.

Deshalb seid ihr in der Dualität die Zeit selbst. In der Wirklichkeit gibt es keine Zeit, sondern nur das Hier und Jetzt.

Die Macht der inneren Bilder und Visionen – Der Blick ins Goldene Buch des Lebens

Zeit – wie kann der Weg zum Erwachen zusätzlich beschleunigt werden? Indem ihr eure Wünsche, Tagträume und Visionen ernst nehmt und dahinter steht, was ihr ins Goldene Buch des Lebens geschrieben habt.

Manchmal kommen Gedanken und Wünsche wie: Eigentlich würde ich doch gerne dieses oder jenes machen, aber …! Ihr macht eure wahren Wünsche von Umständen abhängig, die euch auferlegt werden. Nehmt eure Wünsche und Tagträume wahr. Dahinter stecken wichtige Hinweise für den Weg, den eure Seele gehen möchte, auch wenn es von eurem momentanen Standpunkt aus noch so unmöglich erscheint, sie zu verwirklichen. Gerade deswegen müsst ihr sie ernst nehmen.

Schreibt euch auf, wie ihr euch euer Leben, ein erfülltes Leben vorstellt, in dem ihr der Mensch seid, der ihr wirklich seid – ohne Kompromisse, ohne Verbiegungen, ohne anderen gefallen zu wollen. Wie würde so ein Leben aussehen? Was würdet ihr machen? Würdet ihr noch so leben wie jetzt?

Wenn ja, sehr gut, dann habt ihr euren Weg gefunden. Oder würdet ihr ein komplett anderes Leben wollen?

Doch was hält euch von diesem anderen Leben ab? Welche scheinbaren Schwierigkeiten verhindern es, dieses Leben zu leben?

Vielleicht müsstet ihr vieles loslassen, ins Ungewisse springen. Euer Sicherheitsdenken aufgeben, durch Prozesse hindurchgehen, Übergangsphasen und Zwischenstopps in Kauf nehmen. Vielleicht einen unüblichen, nicht vorgeschriebenen Weg beschreiten. Ihr müsstet über euch selbst hinauswachsen und genau den Dingen ins Auge sehen, vor denen ihr am meisten Angst habt. Dann müsstet ihr euch mit eurer eigenen Angst verabreden, nur um festzustellen, dass sie nicht zum verabredeten Zeitpunkt erscheint, weil sie nicht existiert.

Und dann – was ist nach diesen ganzen Prozessen der Lohn?

Ihr habt euch wiedergefunden. Ihr habt erkannt, wer ihr seid. Ihr habt euch geläutert, eine nächsthöhere Bewusstseinsstufe erreicht. Ihr habt erkannt, dass ihr aufgefangen werdet, wenn ihr springt. Ihr habt euren Weg zum Erwachen beschleunigt, weil ihr ihn freiwillig in Gang gesetzt habt, und musstet euch nicht erst stoßen lassen, sondern habt lediglich das Gefühl, etwas in eurem Leben verändern zu müssen. Ihr lasst euch nicht mehr von Sicherheitsdenken beschränken, weil ihr erkannt habt, dass Sicherheit eine Illusion ist! Die einzige Sicherheit ist der kontinuierliche Wandel.

Ihr habt eure Macht wiedererlangt und erkannt, dass ihr eigene Schöpfer seid und euren Visionen und Wünschen vertrauen könnt, da ihr sie selbst im Goldenen Buch des Lebens festgelegt habt – darum gehen sie auch in Erfüllung.

Und die Wünsche, die eurem Ego entstammen, gehen nicht in Erfüllung. So einfach ist das.

Darum schaut hin, schaut hin, schaut hin! Unterscheidet zwischen Dualität und Wirklichkeit. Schaut hinter die Dinge. Wenn ihr es schafft, euren Blick immer wieder auf die Wirklichkeit zu lenken, dann seid ihr frei, denn dann lebt ihr eure Wahrhaftigkeit.

Der Weg zum Erwachen, der Weg zur eigenen Wahrhaftigkeit ist das Wissen um den Segen der Seelenverträge. Menschen, denen ihr begegnet, die euch begleiten, streckenweise oder euer komplettes Leben, verdankt ihr euer Vorwärtskommen. Sie sind die Katalysatoren, die euch auf euren Weg bringen.

Die Seelenverträge ermöglichen euch die Heilung all eurer Wunden, Verletzungen und Träume aus vergangenen Leben.

Und da ihr in das Goldene Zeitalter geht, sind die Seelenverträge noch bedeutsamer als je zuvor, da sie euch die vollkommene Heilung bringen. Zum ersten Mal nach so vielen Inkarnationen könnt ihr euren Urschmerz, eure Urangst, die jede Seele mit in dieses Leben bringt, komplett ausheilen. In diesem Leben könnt ihr euch zum ersten Mal vollkommen heilen, um als geläuterter, erwachter, göttlicher Mensch auf Erden ins Goldene Zeitalter einzutreten.

Großer Segen steckt in den Seelenverträgen. Großer Segen. Schaut hinter die Dinge.

Die Wirklichkeit hinter den Erscheinungen der Dualität – diese Wirklichkeit ist so anders, weil hinter den Seelenverträgen die Wirklichkeit ist, die Liebe, die reine, allumfassende, bedingungslose Liebe. Schaut hinter die Erscheinungen. Ihr lebt in der Dualität, aber ihr habt immer wieder die Wahlmöglichkeit, euren Blickwinkel zu ändern und euch die Wirklichkeit anzuschauen. Verändert den Blickwinkel und erkennt den Segen der Seelenverträge.

Segen der Seelenverträge

Absprachen innerhalb der Seelenfamilie

Es ist so wichtig, dass ihr erkennt, was hinter den Seelenverträgen steckt.

Erkennt diesen Segen. Seelenverträge ermöglichen den Beteiligten, sich so zu erfahren, dass sie sich bestmöglich entwickeln können und vorwärtskommen. Sie ermöglichen ihnen, das anzuschauen, was es noch zu heilen gilt.

Seelenverträge sind Absprachen innerhalb der Seelenfamilie. Absprachen der Liebe.

Eine Seele möchte zum Beispiel erfahren, wie es ist, geliebt zu werden, aber unter Bedingungen, letztendlich die bedingungslose Liebe zu erfahren. Eine andere Seele erklärt sich bereit, als Partner dieser Seele zu inkarnieren. Also erfahren sich beide in einer Partnerschaft, in der die Liebe gelebt wird, aber unter Bedingungen. Sie gehen einen Vertrag miteinander ein, der besagt, dass diese Partnerschaft sechs Jahre lang halten soll. Einer der beiden Partner hat festgelegt, sich auf den geistigen Weg begeben zu wollen und so oft wie möglich die Wirklichkeit zu erfahren – die Wirklichkeit ist die Liebe, aber die bedingungslose Liebe. Aus diesem Grund kann eine Partnerschaft unter Bedingungen nicht mehr gelebt werden.

Thema der einen Seele ist das Erfahren der bedingungslosen Liebe. Diese Liebe kann aber erst erfahren werden, wenn vorher die Liebe unter Bedingungen gelebt wurde, was die Dualität ermöglicht. Um zu unterscheiden, muss oft zuerst das Gegenteil gelebt werden. Ein Leben in Freiheit und Selbstbestimmung, ein Leben, in dem man seiner selbst bewusst ist, kann erst gelebt werden, wenn vorher die Erfahrung gemacht wurde, wie es ist, sich zu verlieren.

Diese ganzen Erfahrungen der Seele wären ohne die Seelenverträge nicht möglich, denn ohne diese gibt es keine Heilungen. Themen, die geheilt werden sollen, zum Beispiel Verlustangst oder Angst vor der Liebe, wären ohne Absprachen innerhalb der Seelenfamilie nicht möglich.

Seelenverträge können nicht aufgehoben werden. Niemand kann Seelenverträge auflösen. Niemand – außer Gott. Stellt euch vor, Seelenverträge könnten willkürlich aufgelöst werden – was würde euch alles genommen. Nicht nur die Möglichkeit zu heilen und zu erkennen, wer ihr seid – euch würden auch all die

Belohnungen genommen, die ihr als Seele für euch festgelegt habt.

Seelenverträge sind ein großer Segen. Wenn ihr um das System der Seelenverträge wisst, wenn ihr die Muster erkennt und hinter die Dinge schauen könnt, dann kommt ihr schneller vorwärts, könnt die Zeit beschleunigen und so euch, euer Umfeld und Lady Gaia schneller heilen.

Verteilung der Rollenspiele vor der Inkarnation

Was passiert vor der Inkarnation? Bevor Seelen inkarnieren, finden innerhalb der Seelenfamilie Absprachen über die Rollenverteilung in der bevorstehenden Inkarnation statt. Genauer gesagt legen die Seelen, die wieder gemeinsam inkarnieren, fest, wer welche Rolle »spielt«. Sie erfahren sich in einer neuen Inkarnation in unterschiedlichen Rollen, zum Beispiel zwei Seelen, die in einer vorhergehenden Inkarnation Freunde waren, als Geschwister.

Waren zwei Seelen in einer Inkarnation ein Paar mit vielen Schwierigkeiten, wollen sie sich vielleicht wieder als Paar erfahren, dieses Mal soll jedoch Heilung erfolgen und das Zusammensein sich auf die Ebene einer erfüllten Partnerschaft in göttlicher Liebe entwickeln. Im Prinzip trefft ihr in jeder Inkarnation mit denselben Seelen zusammen, und jeder kann sich immer wieder aufs Neue in einer anderen Rolle erfahren. Alle Entwicklungsmöglichkeiten sind miteinander vereinbart und geplant.

Es gibt keine »Zufälle«! Wie bei einem Schauspiel werden die Rollen und Dialoge festgelegt. Manche Worte sind »vereinbart«, weil es versteckte Signale für die Seele sind, dadurch wird sie in eine bestimmte Richtung gelenkt.

Die Energie, die zwischen den »Spielern« im Laufe der Inkarnationen entsteht, wird auch »Karma« genannt. Sie ist der Anknüpfungspunkt für jede darauf folgende Inkarnation.

Dem Begriff »Karma« wird oft etwas Schweres angehängt, aber das ist nicht der Fall. Natürlich können Seelen immer wieder miteinander inkarnieren, weil sie ein Karma miteinander verbindet, wenn es zum Beispiel um die Themen Loslassen und Verzeihen geht. Es kann aber auch sein, dass sich immer wieder Liebende treffen, die in vielen Inkarnationen ein Liebespaar waren, diese Liebe aber nie öffentlich leben durften, sei es durch Standesgrenzen oder weil die Liebe mit Gefahr verbunden war, durch das Hüten von geheimen Wissen, zum Beispiel in Atlantis oder Avalon. (Davon waren viele Krieger des Lichts betroffen, die ihre Partner nicht in Gefahr bringen wollten.)

Dieses Karma ist geprägt von der partnerschaftlichen Liebe. Solche »Dauerliebespaare« haben es sich beispielsweise zum Ziel gesetzt, die Liebe endlich gefahrlos in der Öffentlichkeit leben zu dürfen. Dementsprechend müssen erst alte Verhaltensmuster aus vergangenen Inkarnationen geheilt werden, bevor diese Liebe Erfüllung findet.

Der Segen

Seelenverträge sind ein großer Segen, denn sie finden unter Seelen statt, die immer wieder innerhalb der Familie miteinander inkarnieren. Es ist Familie. Die geistige Familie, verbunden durch die Liebe.

Es ist ein Segen, denn die Inkarnationen erfolgen aus Liebe. Manche Seele hat vielleicht nichts mehr zu lösen und inkarniert aus Liebe, weil eine andere eine bestimmte Erfahrung machen möchte. Seelen, die karmafrei sind, sind häufig Kinder, die früh in die Geistige Welt überwechseln. Sie haben sich aus Liebe bereiterklärt, für ihre »Eltern« zu inkarnieren, nur um nach kurzer Zeit wieder in die Geistige Welt zu wechseln. Diese Kinder dienen als Katalysator für die geistige und spirituelle Entwicklung der Eltern, denn der Tod eines geliebten Menschen führt im Allgemeinen zu einem geistigen spirituellen Quantensprung bei den Hinterbliebenen. Nichts ist mehr so, wie es einmal war. Das Leben ist ein anderes.

Für diejenigen, die zurückbleiben, ein großer Schmerz, doch dahinter verbirgt sich ein großes Geschenk desjenigen, der gegangen ist.

Aus menschlicher Sicht ist es ein großer Schmerz und Verlust, einen geliebten Menschen zu verlieren, aus Sicht der Wirklichkeit handelt es sich um eine Seelenabsprache und ein großes Geschenk.

Ihr seid Menschen, und natürlich sollt ihr trauern und den Schmerz hinauslassen, aber nach einem gewissen Abstand ist es wichtig, dieses Geschenk zu erkennen – der Tod sollte nicht umsonst sein. Darum nehmt dieses Geschenk an.

Wenn ihr einen geliebten Menschen in der Dualität verloren habt, denkt daran, dass diese Seele wieder in die geistigen Heimat und in Absprache mit euch gegangen ist.

Es war so vereinbart. Diese Seele ist immer bei euch, ihr seid nie voneinander getrennt. Ihr seid Familie. Die Dualität, euer Ego, trennt euch und spielt euch vor, diese Seele sei für immer gegangen. Nein, erkennt dieses großartige Geschenk dahinter. Und – ihr seid Menschen in der Dualität. Lasst den Schmerz heraus, trauert, denn es gehört einfach zu den Erfahrungen in der menschlichen Dualität. Es ist gut so.

Aber richtet auch euren Fokus auf die Wirklichkeit. Schaut euch das Geschenk an. Seid ihr durch den Verlust eines geliebten Menschen nicht noch stärker geworden? Seid ihr dadurch nicht über euch hinausgewachsen? Hat es euch nicht in eurer Entwicklung weitergebracht und wieder mehr in Richtung Weg und Erwachen geführt?

Schaut es euch an. Schaut es euch genau an!

Die Geistige Welt weiß um eure Trauer und euren Schmerz, wenn ihr einen geliebten Menschen verliert. Sie hören eure Bitten und euer Weinen, und sie unterstützen euch und führen euch Gnaden- und Heilungsenergie zu, wann immer es ihnen möglich ist und wie ihr es zulasst. Aber wenn ihr euren Fokus auf die Wirklichkeit lenkt, dann war es eine Vereinbarung zwischen euch Seelen. Ihr habt diese Erfahrungen selbst festgelegt.

Das Wissen um die Seelenverträge, um diese Absprachen, soll euch nicht davon abhalten mitzufühlen, wenn ihr erlebt, dass jemand gerade durch schwierige Lebenslektionen geht. Es soll euch nicht davon abhalten mitzufühlen, und wenn ihr das Gefühl habt, jemanden durch liebevolle Worte und Handlungen unterstützen zu wollen, dann tut es. Es ist für denjenigen so wichtig, denn ihr seid menschliche Wesen und lebt in der Dualität, was die Erfahrungen von Trauer, Ohnmacht und Zorn, aber auch von Freude, Selbstbestimmung und Liebe beinhaltet. Ohne das eine könntet ihr das andere nicht erfahren.

Entscheidend ist es, wie schnell ihr es schafft, den Blick wieder auf die Wirklichkeit zu lenken. Es obliegt eurer Wahlmöglichkeit, wie lange ihr euch in einer bestimmten Energie aufhalten wollt.

Wie gesagt, das Wissen um die Seelenverträge soll euch nicht davon abhalten mitzufühlen, wohl aber davon – mitzuleiden. In dem Moment, in dem ihr mit-leidet, tut ihr dem Menschen, der gerade eine schwierige Situation durchlebt, keinen Gefallen, weil ihr dann eure Klarheit verloren habt. Mitgefühl soll dem Menschen helfen, selbst wieder in die Klarheit zu kommen und den Blickwinkel wieder auf die Wirklichkeit zu richten.

Dualität, Wirklichkeit, Egospiele

Rollenspiele – Egospiele

- Wie funktionieren die Seelenverträge?
- Welche Gesetzmäßigkeiten stecken dahinter?
- Was ist das Geheimnis hinter den Seelenverträgen?
- Wie kann man die Muster erkennen?
- Wie kann man mithilfe der Seelenverträge die Zeit beschleunigen?
- Wie schafft man es, den Blickwinkel von der Dualität auf die Wirklichkeit zu lenken?
- Wie erkennt man die Wirklichkeit?
- Wie kann man die Spiele durchschauen, die gespielt werden?
- Wie durchschaut man die Egospiele?
- Wie erkennt man überhaupt, ob man sich im Ego befindet oder nicht?
- Was steckt dahinter?

Wenn ihr die Rollenspiele zwischen den Seelen versteht, könnt ihr euren Heilungsprozess, den Weg zum Erwachen, beschleunigen, dann erkennt ihr euren Weg und seid erwacht.

Die Macht der Seelenverträge spürt ihr am stärksten in Partnerschaften.

Beziehungen, die sich noch nicht auf der Stufe einer Partnerschaft der allumfassenden, bedingungslosen, göttlichen Liebe befinden, wurden von den Seelen so geplant, dass sie sich heilen. Heilung erfolgt, indem der eine Partner dem anderen den Spiegel vorhält. Die Punkte, die geheilt werden müssen, sind exakt die Punkte, auf die der Partner mit Absicht immer »draufdrückt«, genau dort, wo es wehtut und dementsprechende Prozesse in Gang gesetzt werden. Oh nein, das ist nicht schön. Ihr fangt an, euch gegenseitig wehzutun. Es werden immer wieder Prozesse in Gang gesetzt, bestimmte Verhaltensmuster usw. erfolgen.

Nach Trennungen stellt man voller Entsetzen fest, dass mit dem neuen Partner wieder dieselben Prozesse und Verhaltensmuster entstehen. Im Prinzip unterscheidet sich der neue Partner nicht vom vorherigen, weil er wieder auf dieselben schmerzhaften Stellen »drückt«.

So kann innerhalb eines Lebens oder mehrerer Leben beliebig Runde um Runde gedreht werden, bis die Seele endlich begriffen hat und sich ihre Themen anschaut.

Es liegt nicht am Partner – es liegt an einem selbst. Der Partner möchte nur auf den Urschmerz oder die Urangst aufmerksam machen, die endlich geheilt werden soll.

Die Rollenverteilung und die Muster wurden so festgelegt, dass immer wieder auf das aufmerksam gemacht wird, was geheilt werden soll.

Genauso drückt man selbst beim Partner immer wieder auf die »wunde Stelle«, damit er sie sich endlich anschaut und heilt. Es trägt niemand Schuld. Es gibt keine Schuld!

Ziel der Seelenverträge ist die Heilung. Gerade in den Inkarnationen, die jetzt stattfinden, geht es um die endgültige Heilung und Auflösung des Urschmerzes, weil wir jetzt in ein Neues Zeitalter hineingehen, das alte Muster und Verhaltensweisen nicht mehr zulässt. Es geht in das Zeitalter des göttlich erwachten Menschen auf Erden.

Viele Seelenverträge beinhalten jetzt die vollkommene Auflösung und Heilung des Urschmerzes. Darum sind die Prozesse zurzeit so heftig. Wer es sich nicht anschauen möchte, wird dazu gezwungen, weil die Seele sich vorgenommen hat, endgültig zu heilen und endlich das zu leben, was in vielen Inkarnationen nicht möglich war. Den Heiler in sich zu leben, ohne Verfolgungen und Lebensgefahr, den Weisen und Wissenden und endlich auch die Liebe gefahrlos zu leben. Das sind bei vielen Seelen die Hauptverletzungen, der Urschmerz und die Urangst aus vergangenen Inkarnationen, und diese sollen nun komplett geheilt werden.

Darauf haben sich die Seelen viele Inkarnationen lang vorbereitet. Angesprochen sind vor allem die Seelen, die diese Zeilen hier lesen.

Viele von euch waren in Lemurien, Atlantis, Avalon oder im Goldenen Zeitalter von Ägypten inkarniert. Andere erlebten den Kreuzweg und die Kreuzigung Jeshuas mit und hörten seine Worte, erlebten die Wunder. Sie erlebten einen göttlichen Menschen auf Erden. Das, was er damals lebte, soll im Neuen Goldenen Zeitalter, dem Wassermannzeitalter, gelebt werden. Nur soll der göttliche Mensch gefahrlos leben, ohne Verfolgung und Lebensgefahr.

Darum geht es. Also schaut euch an, was euch ständig begegnet. Mit welchen Themen werdet ihr immer wieder konfrontiert?

Es sind nicht die anderen, nein, die anderen sind Mitglieder eurer Seelenfamilie, und es war so vereinbart, dass sie euch immer wieder auf das aufmerksam machen, was geheilt werden soll. Umgekehrt macht ihr es bei eurem Gegenüber genauso.

Wichtig ist es, diese Muster zu erkennen. Was ist Dualität, was ist Wirklichkeit? Welche Rolle spielt das Ego? Wie erkennt man die Egospiele?

Egospiele und die Wirklichkeit dahinter

Egospiele können nur in der Dualität stattfinden, in der Wirklichkeit gibt es kein Ego. Wenn ihr die Egospiele erkennt, dann könnt ihr eure Ängste anschauen, erkennen, heilen und loslassen. Habt ihr sie aufgelöst, braucht ihr kein Gegenüber mehr, das euch darauf aufmerksam macht, wenn eine wunde Stelle »drückt«. So ist es zwischen den Seelen vereinbart – hat eine Seele ihre Angst, ihren Urschmerz erkannt, angeschaut und geheilt, hört die andere Seele sofort auf, sie in der Dualität darauf aufmerksam zu machen. Heilung erfolgt nicht nur für euch selbst, sondern auch für den anderen. Ja, die Seelenverträge beinhalten, dass zum Beispiel in Partnerschaften nur einer der beiden Partner Heilung erfährt.

Ist der eine geheilt, ist es der andere automatisch auch. Auch das ist so vereinbart, wer vorausgeht, sodass beide geheilt werden.

Doch auch hier gibt es gerade in Partnerschaften unterschiedliche Verträge. In der Regel sind diese so ausgelegt, dass einer der Partner sich heilen muss, damit die Partnerschaft auf einer höheren Ebene fortgesetzt werden kann.

Es gibt auch Verträge, die die Partnerschaft in einer bestimmten Zeitperiode festlegt. Einer der Partner heilt sich, und es kommt trotzdem zur Trennung. Beide gehen dann getrennte Wege, weil es so festgelegt ist. Einer ist geheilt, und der andere dreht noch eine »Extrarunde«, um sich ein bestimmtes Thema noch einmal anzuschauen.

Auch das unterliegt der Führung, der Absprache innerhalb der Seelenfamilie. Solche Ehen werden geradezu von der Geistigen Welt getrennt.

Ehen/Partnerschaften, die Bestand haben sollen, bleiben es auch, auch wenn manche Zeiten schwierig sein mögen, weil sich beide heilen müssen.

Immer wenn sich die Partnerschaft auf eine nächsthöhere Stufe begibt, kommt es zu Reinigungsprozessen. Ziel ist immer die Heilung. Auf der Ebene der Wirklichkeit haben die Seelen die komplette Heilung sämtlicher Ängste vereinbart. Auf der Ebene der Dualität lenken sie sich gegenseitig so, dass immer wieder alte Ängste und Verhaltensmuster auftauchen, bis diese erkannt, angeschaut und aufgelöst sind. Dann tritt Harmonie ein, und die beiden können sich auf die Ebene einer Partnerschaft in göttlicher Liebe begeben.

Aber nicht nur in Partnerschaften laufen diese Egospiele ab, auch unter Freunden, Eltern und Kindern, unter Arbeitskollegen, sogar bei kurzfristigen

Begegnungen. Menschen, die man nur einmal im Leben, vielleicht für fünf Minuten sieht, können einem den Spiegel vorhalten: »Schau es dir an«. Darum schaut hin, schaut hin. Ihr seid nicht machtlos irgendwelchen Gegebenheiten ausgeliefert, sondern ihr seid euer eigener Schöpfer!

Ihr habt euch jede Lebenssituation selbst kreiert. Je schneller ihr erkennt, desto mehr könnt ihr die Zeit beschleunigen, euch heilen und so euer wirkliches Ich wieder leben.

Je mehr ihr euch heilt, desto mehr wird sich euer Leben verändern, und ihr werdet das leben, was Gott eigentlich für euch vorgesehen hat: ein in allen Bereichen glückliches und erfülltes Leben. Ein Leben in Fülle, Liebe und Freiheit. Ein selbstbestimmtes Leben.

Deswegen schaut euch die nachstehend aufgeführten Ängste und Verhaltensmuster an. Sie sind alle entstanden aus Verletzungen und Erlebnissen vergangener Inkarnationen und möchten angeschaut und aufgelöst werden, damit ihr jetzt endlich den Weg zum göttlich erwachten Menschen auf Erden einschlagen könnt.

Die Heilung all dieser Ängste und Verhaltensmuster hat ein Ziel: zurück zum Urvertrauen und zum Leben der allumfassenden göttlichen Liebe.

Ja, ihr sollt wieder in der Lage sein, die Wirklichkeit zu leben, und die Wirklichkeit ist die allumfassende bedingungslose Liebe.

Die Liebe, die nicht fordert und keine Bedingungen stellt, sondern glücklich ist, wenn sie geben kann, die weder Widerstände noch Verluste oder Ängste kennt, sondern einfach nur ist.

Ein Mensch, der es immer wieder schafft, seinen Fokus auf die Wirklichkeit zu richten, richtet ihn damit auf die allumfassende bedingungslose göttliche Liebe.

Für diesen Menschen sind Hass, Schuldzuweisungen und destruktive Gedanken Fremdwörter. Er beschuldigt niemanden und nimmt selbst auch keine Schuld auf sich, denn er weiß, dass es keine Schuld gibt. Schuld ist ein Wort, das dem Wortschatz des Egos entspringt. Es ist so wichtig, dass ihr erkennt: Es gibt keine Schuld! Diese angebliche »Schuld« ist der Nährboden für Hass und Kriege und die zunehmenden Amokläufe in eurer Gesellschaft.

Wenn das Wort »Schuld« endlich aus eurem Sprachgebrauch gestrichen würde, würde die Welt nicht gleich anders aussehen?

Schaut euch bitte die folgenden Ängste genau an. Ihr werdet erkennen, welche zu euch gehören und aufgelöst werden wollen.

Angst vor der Liebe

Von diesem Thema sind meistens Männer betroffen. Es ist der Hauptgrund für Selbstmord, gerade bei jungen Männern, weil sie Angst vor der Liebe haben.

Das Ego spielt ihnen vor, dass Liebe verletzt, und es tut alles, um Situationen hervorzubringen, in denen genau das geschieht. Es will sagen: »Siehst du, die Liebe verletzt dich – also liebe nicht. Tue alles, damit der Mensch, den du liebst, dir wehtut. Denn Liebe tut weh.« Seelen, die das Thema »Angst vor der Liebe« heilen müssen, brechen häufig Beziehungen ab. Sie haben in der Regel Kurzzeitbeziehungen und sind über längere Zeitperioden »Single«. Sie tun unbewusst alles, damit sie in einer Beziehung verletzt werden, um sie dann sofort abzubrechen. Woher kommt dieses Verhalten? Was steckt dahinter?

Es sind Verletzungen aus alten Leben, die unbedingt geheilt werden müssen.

Meist hatten diese Seelen eine sehr große Liebe, die sie nicht öffentlich leben durften.

Mit dem Leben dieser Liebe war häufig Lebensgefahr verbunden, deshalb: Liebe tut weh!

Die Liebe durfte nicht richtig gelebt werden. Nicht nur einem selbst, sondern auch dem Partner drohte

Lebensgefahr. Betroffen von diesem Thema waren vor allem »Krieger des Lichts«. Es ging um geheimes Wissen und das Hüten dessen. Häufig waren es Seelen, die das Licht Gottes auf Erden vertraten, als der Planet Erde sich immer mehr in die Dichte und Schwere der Dualität begab.

Diese Seelen tragen so viel Liebe in sich und wollen diese wieder leben können. Sie verstehen ihre eigenen Verhaltensweisen nicht und vereinsamen zunehmend.

Den Partner, den sie lieben, verletzen sie unbewusst immer wieder und stoßen die Liebe von sich. Damit wollen sie erreichen, dass dieser Partner sie wiederum mit Worten verletzt. Es ist paradox und für beide sehr schmerzhaft. In der Regel beinhaltet der Seelenvertrag, dass die große Liebe dieser Seele in das Leben eintritt und vorangeht, um zu heilen. Das erfordert viel Kraft und immer wieder den Blickwinkel auf die Wirklichkeit. Was kann derjenige tun, wenn im Partner genau diese Verhaltensmuster erkannt werden?

Es erfordert Besonnenheit, innere Stärke, Gleichmut, wenn Zeitperioden folgen, in denen der Partner »untertaucht«, und ruhige Reaktionen.

Es erfordert, dass auf die Egospiele des Partners mit Liebe und Gelassenheit reagiert wird, und zu erkennen, dass der Partner verletzt werden möchte, damit das Ego die Bestätigung erhält »Liebe tut weh«. Gerade darauf sollte nicht reagiert werden!

Verletzende Worte dürfen nicht ernst genommen werden, denn sie entspringen dem Ego. Was passiert also, wenn der eine Partner dem anderen gegenüber, der »Angst vor der Liebe« hat, nicht mit verletzenden Worten, sondern mit Gleichmut, Gelassenheit und Liebe reagiert? Das Ego muss weichen, denn ihm wird der Nährboden gezogen. Die gewünschte Reaktion »Liebe tut weh« tritt nicht ein, und so kann Heilung erfolgen.

Zum ersten Mal kann Heilung eintreten. Andere Partner reagierten mit Wut, und das Ego gewann immer. Aber bei diesem Partner, in der Regel die große Liebe aus den vergangenen Leben, kann endlich Heilung eintreten, und das Ego muss weichen. Die Liebe tut nicht weh, auch wenn man selbst die Liebe zurückgestoßen und mit Füßen getreten hat. Heilung- und Gnadenenergie kann endlich fließen.

Natürlich sind es nicht nur Männer (allerdings häufiger), die das Thema »Angst vor der Liebe« mit in diese Inkarnation bringen, auch Frauen sind von diesem Thema betroffen, zu erkennen an häufig wechselnden Partnerschaften.

Entweder brechen Sie die Partnerschaften ab, oder die Partner verschwinden einfach aus ihrem Leben. Diese Frauen müssen erkennen, dass sie »Angst vor der Liebe« haben, damit die Heilungs- und Gnadenenergie fließen kann.

Für alle, die zurzeit keinen Partner an ihrer Seite haben, sich aber hier wiedererkennen:

Es genügt, dass ihr eure Angst erkennt und sie anschaut. Doch dann gebt sie in Gottes und in die Hände der Geistigen Welt. Wir nehmen sie euch ab, wir transformieren sie für euch. Gnadenenergie fließt. Ihr müsst die Angst nur erkennen, anschauen und dann loslassen. Ihr sollt nicht länger leiden, sie wird euch abgenommen. Entscheidend ist, dass ihr die Wirklichkeit erkennt und in die Absicht geht, diese Angst loszulassen. Das ist entscheidend. Den Rest überlasst uns.

Wir wissen, wer diese Zeilen liest. Wir wissen es!

Verlustangst

Interessanterweise trifft ein Mensch, der »Angst vor der Liebe hat«, häufig auf einen Partner, der das Thema »Verlustangst« mit in diese Inkarnation bringt. Es treffen hier zwei Ängste aufeinander, die sich wunderbar fördern. Derjenige, der Angst hat, die Liebe zu verlieren, trifft auf den, der Angst vor der Liebe hat, und spürt natürlich, wie sich der Partner aus Angst vor der Liebe entzieht und erhält dadurch wieder Nahrung für die Verlustangst. Das Zauberwort für die Heilung von Verlustangst ist »Loslassen«.

Den Partner komplett loslassen, die Liebe loslassen, damit sie gelebt werden kann. Diese Seele muss lernen, sich zu zentrieren, bei sich zu bleiben, die eigene Stärke wieder zu spüren. In der Regel haben häufig Frauen das Thema Verlustangst. Auch hier stammt das Trauma aus vielen Inkarnationen.

Ihr müsst bedenken, dass es komplett andere Zeiten waren. Ihr habt in euren Inkarnationen so viel erlebt, Kriege, Entbehrungen, aber auch viele schöne Dinge. Doch die Ängste kommen aus den schwierigsten, traumatischsten Erlebnissen eurer Inkarnationen. Dazu gehört auch der häufige Verlust vieler geliebter Menschen und bei denen, die das Thema Verlustangst mit in diese Inkarnation bringen, häufig der Verlust der großen Liebe.

Um die Verlustangst zu heilen, müsst ihr lernen loszulassen – immer wieder, immer wieder. Ihr müsst lernen, die Liebe loszulassen, damit die Liebe zu euch zurückkehren und gelebt werden kann. Häufig machen Seelen, die sich vorgenommen haben, das Thema Verlustangst zu heilen, die Erfahrung, dass sie immer wieder die Liebe verlieren, immer wieder zurückgestoßen werden. Es scheint, als würde ihre Liebe nicht angenommen, sondern immer wieder zurückgestoßen, als ob gerade die Seelen, die so gut lieben können, nicht lieben dürfen.

Durch diese Erlebnisse werden sie darauf gestoßen loszulassen – die Liebe loszulassen, damit diese kommen und gelebt werden kann. Auch hier handelt es sich um sehr schmerzhafte Prozesse, bis die Seele erkannt hat.

Für diejenigen, die sich von diesem Thema angesprochen fühlen, genügt es, dieses Thema zu erkennen, anzuschauen und in die Hände Gottes und der Geistigen Welt zu geben, damit die Heilungs- und Gnadenenergie fließen kann. Erkennt das Thema. Schaut es euch an. Dankt den Menschen, den Seelen, die mit euch die Verträge eingegangen sind, damit ihr es endlich heilen könnt. Dann kann auch endlich die Liebe in eurer Leben treten, und sie kann bleiben, da ihr euren Urschmerz geheilt habt.

Öffnet euch für die Heilungs- und Gnadenenergie. Lasst los, damit die Liebe wieder in euer Leben einkehren kann.

Wir wissen, wer diese Zeilen liest. Wir wissen es.

Mangelndes Selbstwertgefühl

Viele Seelen tragen dieses Thema in die jetzige Inkarnation mit hinein, das nun aber geheilt werden möchte. Auch hier liegen Verletzungen und Traumata vergangener Leben vor. Es sind Seelen, die immer wieder die Erfahrungen gemacht haben, dass ihr Wert nicht geachtet wurde. Sie durchlebten oft den Schmerz, nicht geschätzt, verachtet oder sogar misshandelt zu werden. Zahlreiche Situationen führten in vergangenen Inkarnationen dazu, dass diese Seele sich selbst als nicht mehr wertvoll erachtete, sich also ihres Wertes und ihrer Einzigartigkeit nicht mehr bewusst war.

Diese Seelen machen auch in der jetzigen Inkarnation immer wieder erniedrigende Erfahrungen. Von Schlägen in der Kindheit, über Mobbing am Arbeitsplatz, bis zu einem Partner, der ihnen gegenüber gewalttätig auftritt, sei es mit Worten oder mit Handlungen. Oder sie geben sich total auf, verlieren sich in einer Partnerschaft, indem sie ihre eigene Persönlichkeit nicht mehr leben, sondern alles für den Partner opfern. Sie geben sich auf – sie sind sich ihrer selbst nicht mehr bewusst.

Auch hier gilt es zu erkennen, dass die Seelen, die euch immer wieder in diese Erfahrungen führen, es euch ermöglichen, euch »nicht wert zu fühlen«.

Es sind ebenfalls Absprachen, die euch auf euer Thema aufmerksam machen sollen, das es anzuschauen gilt.

Was tut euch weh? Wie fühlt ihr euch in dieser Situation? Fühlt ihr euch ständig in einer Opferrolle? Worauf möchten euch diese Situationen aufmerksam machen?

Passiert es euch immer wieder? Seid ihr öfter gemobbt worden? Seid ihr von anderen Partnern geschlagen worden? Habt ihr öfter erniedrigende Situationen erlebt?

Wie fühlt es sich jedes Mal für euch an? Wie sieht es mit eurem Selbstwert aus?

Geratet ihr immer wieder an Partner, die in einer Ehe sind und eigentlich nur ein Abenteuer mit euch erleben wollen? Schaut euch diese Situationen an! Gerade ein mangelndes Selbstwertgefühl zeigt sich schon in der Kindheit und zieht immer wieder die Situationen an, um sich dieses Thema anzuschauen, bis ihr es erkannt habt.

Ein mangelndes Selbstwertgefühl kann sogar dazu führen, dass der berufliche Erfolg ausbleibt. Weil ihr euch nicht wert fühlt, beruflich erfolgreich zu sein.

Bei Firmengründungen kann es so weit gehen, dass die Firma irgendwann in die Insolvenz geht. Warum? Weil ihr euch nicht wert genug fühlt, beruflich erfolgreich zu sein.

Schaut euch das Thema an. Erkennt es, und dann lasst los. Gebt es in Gottes und in die Hände der Geistigen Welt. Lasst Heilungs- und Gnadenenergie durchströmen.

Schaut es euch an, damit es geheilt wird. Ihr müsst es nur erkennen, anschauen, und dann kann die

Heilungsenergie fließen. Bedankt euch bei denen, die mit euch die Verträge eingegangen sind, damit ihr heilen könnt.

In dem Moment, in dem euch wieder Wertschätzung entgegengebracht wird, habt ihr es geheilt. Euer Umfeld nimmt eure eigene Wertschätzung wahr und wird euch entsprechend gegenübertreten, auch wenn ihr euch beruflich noch so sehr auf dem Tiefpunkt befindet. In dem Moment, in dem ihr es euch wieder »selbst wert« seid, ändert sich die Situation, auch wenn ihr schon viel »verloren« habt. Wenn ihr dieses Thema in eurem Leben angeschaut habt, können die Belohnungen, Geschenke und Lösungen eintreten. Ihr selbst habt es so festgelegt.

Öffnet euer Herz. Schaut es euch an. Wir wissen, wer diese Zeilen liest. Wir wissen es.

Die eigene Macht nicht annehmen können

Auch hier liegen Verletzungen und Traumata aus vergangenen Leben vor, und auch hier werden Situationen im Leben, entstanden durch das Netz der Seelenverträge, dafür sorgen, dass man sich sein Verhältnis zur Macht ansieht.

Solche Menschen erleben oft ein »Ohnmachtsgefühl«. In der Regel handelt es sich bei Seelen, die Angst vor der eigenen Macht haben, um große Heiler, Magier, Wissende und Hohepriester aus vergangenen

Zeiten in Atlantis oder solchen, in denen das wahre Wissen von der Kirche verfolgt wurde. Diese Seelen sind aufgrund ihres Wissens, ihrer Arbeit für das Licht und ihrer Fähigkeiten verfolgt und oft hingerichtet worden. Diese Angst sitzt sehr tief.

Manche Vertreter des Lichts kamen mit der dunklen Seite in Berührung, und es fand Machtmissbrauch statt. Hier ist zu beachten, dass jede Seele sich immer für das Licht einsetzen wollte, aber bedenkt die Schwere der Dualität, die zunehmende Dichte, der Schleier des Vergessens. Manche Seele vergaß sich so sehr, dass sie ihr göttliches Licht vergaß und nicht mehr wusste, wofür sie eigentlich auf die Erde kam: zur Erhöhung des Lichts. Sie verlor sich im Strudel der Dualität, zu sehr umgeben vom Schleier des Vergessens. So kam es auch häufig zu Machtmissbrauch.

Es fiel auf die Seele zurück, so stark, dass sie ihr Wissen, das eigentlich zur Erhöhung des Lichts auf Erden eingesetzt werden sollte, nun nicht mehr einbringen möchte. Diese Seelen haben Angst, wieder zu sehr in den Strudel der Dualität hineinzugeraten und Macht zu missbrauchen. Darum möchten sie ihr Licht und ihr Wissen nicht mehr einsetzen. Sie müssen an sich das Trauma des Machtmissbrauchs heilen und erkennen, dass ihnen dieses als göttlich erwachter Mensch nicht mehr passieren kann, sondern sie wieder Heilende und Wissende sein dürfen.

Genauso müssen Seelen, die aufgrund ihres Wissens immer wieder verfolgt und hingerichtet wurden, erkennen, dass für sie keine Gefahr mehr besteht. Sie dürfen Wissende, Heilende und Magier sein; ja, der Magier kehrt zurück. Er gehört zu den Berufen des Neuen Zeitalters.

Wie zeigen sich diese Situationen in der Dualität?

Diese Menschen wissen um ihre besonderen Fähigkeiten. In der Regel wirken sie wie ein Magnet auf Menschen, die von ihnen geheilt werden wollen. Sie bekommen häufig Leidensgeschichten anderer zu hören, die den Heiler, den Wissenden in dieser Seele erkennen.

Sie spüren ihre Berufung, trauen sich aber nicht und zwingen sich zu einem »normalen« Beruf, obwohl sie eigentlich spüren, dass es nicht ihre Berufung ist.

Irgendwann wird der Druck der Seele so groß, dass sie ihren Arbeitsplatz verliert, oder sie legt sich mit Vorgesetzen an, die natürlich spüren, dass sie eigentlich ihr eigener Chef sein sollte und ihre innerliche Rebellion wahrnehmen, was zu Zündstoff führen muss. Das »normale« Berufsleben wird immer beschwerlicher, denn die Seele möchte wieder zu ihrer eigentlichen Bestimmung geführt werden. Mit ihrer Seelenfamilie hat sie die Situationen in ihrem Leben so kreiert, dass sie gerade gezwungen wird, ihre wahre Berufung wieder anzunehmen.

Je weniger sie sich wehrt, desto leichter kann sie in die Selbstständigkeit gehen, sonst wird der Druck von außen immer stärker, der Arbeitsalltag beschwerlicher, und es kommt zu Streitigkeiten. Die Seele rebelliert.

Das kann bis zu Burnout, Depressionen oder auch Zorn und Aggressionen führen. Die Seele rebelliert, sie möchte endlich den Heiler leben, den Wissenden.

Diese Seelen können sich kein »normales« Leben überstülpen, es ist nicht ihre Berufung. Es handelt sich in der Regel um sehr alte, weise Seelen. Sie werden durch die Situationen des Lebens dazu gezwungen, es sich anzuschauen. Warum haben sie Angst, wirklich ihrem Herzen zu folgen? Was hindert sie daran, ihre wirkliche Berufung zu leben? Das Ego versorgt solche Seelen in der Dualität mit einem stark überzogenen Sicherheitsdenken. Aus den kreierten Situationen lernen sie aber, dass es keine Sicherheit gibt. Sie verlieren unter Umständen öfter ihren Arbeitsplatz, denn sie finden im beruflichen Alltag nicht den erhofften Frieden und das Gefühl der Erfülltheit. Es drängt sie ständig und wird erst ruhig, wenn sie sich ihr Thema angesehen haben.

Alle, die sich hier angesprochen fühlen, sollten sich anschauen, welches Leben ihr Herz sich wünscht. Schaut euch an, wie euer Leben aussehen würde, wenn ihr vollkommen ihr selbst sein könntet.

Geht in euch, tief in euer Herz hinein. Spürt hinein in euch, an den Ort, an dem ihr Gott spürt. Geht zu dem Ort in eurem Herzen, wo ihr den göttlichen Kern in euch fühlt. Geht an den Ort eurer Unsterblichkeit, der ICH-BIN-GEGENWART, die immer war, ist und sein wird. Spürt, hört: Was sagt euer Herz?

Was sagt es? Ist es wirklich das Leben, das ihr zurzeit lebt, oder würdet ihr ein ganz anderes Leben wollen? Spürt eure eigenen Gedanken und befreit euch von denen, die nicht die euren, sondern fremdbestimmt sind. Hört und seht – es ist ein anderes Leben –, eigentlich wollt ihr frei sein, losgelöst von Strukturen, die nicht mehr der kommenden Neuen Zeit entsprechen. Ihr spürt, ihr wollt euer eigener Chef sein, es auf eure eigene Art und Weise machen und nicht so, wie es die Gesellschaft vorschreibt. Wege, die schon andere gegangen sind, sind nicht die euren. Jeder Weg ist einzigartig. Wie kann man einen Weg beschreiten, den schon ein anderer gegangen ist? Da sträubt sich eure Seele. Sie fängt an zu rebellieren, denn jeder von euch ist einzigartig und geht einen einzigartigen Weg.

An alle alten Seelen, gerade ihr aus Atlantis: Ihr seid hier angesprochen.

Die Zeit ist da. Ihr könnt endlich gefahrlos euer Wissen leben. Es gibt keine Verfolgungen mehr, ihr müsst nicht mehr mit eurem Leben bezahlen. Diese Zeiten sind vorbei. Deswegen schaut es euch an: Ihr seid inkarniert, um es endlich leben zu können, denn ihr habt euch seit Inkarnationen auf dieses Leben vorbereitet. Das viele Leid in den vergangenen Inkarnationen, es soll nicht umsonst gewesen sein. Deswegen schaut es euch an. Geht in eurer Herz, dort, wo Gott ist. Spürt die Liebe und die Gnadenenergie, die euch jetzt umhüllen. Spürt sie!

Öffnet eurer Herz und erkennt. Erkennt eure Angst, schaut sie euch an, und dann könnt ihr sie abgeben in die Hände von Gott und der Geistigen Welt.

Wir wissen, wer dieses Buch liest. Wir wissen es. Denn so steht es geschrieben in euren Seelenverträgen. Jeder Name könnte hier genannt werden, der dieses Buch liest. Und es wird mit jedem Einzelnen von euch gearbeitet. Öffnet euer Herz für die Heilungs- und Gnadenenergie, damit ihr wieder wirken und endlich das leben könnt, was eure Aufgabe ist. Die Menschheit braucht euch mit euren Fähigkeiten. Lady Gaia braucht euch, damit sie erneut ihre Schwingung erhöhen kann.

Wenn ihr euch von den vergangenen Schmerzen heilt, heilt ihr damit Lady Gaia, Mutter Erde. Dann sorgt ihr mit dafür, dass alles, was unser geliebter Blauer Planet im Laufe der Menschheitsgeschichte an Schmerz und menschlichem Leid gespeichert hat, aufgelöst und transformiert werden kann.

Angst, die Kontrolle zu verlieren

Viele Seelen, die inkarniert sind, haben ein zwanghaftes Verhalten, alles kontrollieren zu müssen. Sie trauen niemandem etwas zu, wollen alles alleine machen, können nichts abgeben. Geben Sie einen Teil ihrer Arbeit ab, sind sie wiederum mit Kontrolle beschäftigt. Und wie macht das Leben darauf aufmerksam?

Genau, es gerät alles außer Kontrolle. Das Leben nimmt eine Eigendynamik an, entzieht sich so der kompletten Kontrolle. Es scheint, als ob diesen Seelen der Boden unter den Füßen weggezogen würde. Nichts ist so, wie es einmal war. Niemand scheint diesen Seelen mehr zuzuhören, sie schreien die ganze Zeit »Stopp«, und es kümmert sich niemand darum. Wie kommt es zu diesem zwanghaften Kontrollverhalten? Die Seelen haben Angst vor der Wirklichkeit, deren Gesetzmäßigkeiten so anders sind als die der Dualität. Sie haben Angst vor der Freiheit, vor der Selbstverantwortung, und sich in der angeblichen Sicherheit der Dualität eingerichtet, denn in der Dualität gibt es keine Selbstverantwortung. In der Dualität sind die anderen schuld, denn es existiert das Wort Schuld, obwohl es Schuld überhaupt nicht gibt.

Auch diese Seelen haben schmerzhafte Erfahrungen in vergangenen Leben gemacht. So sind sie in den Strudel der Dualität hineingeraten und haben immer wieder vergessen, wer sie sind. Da sie ohnmächtig geworden sind, versuchen sie, das Gefühl der Ohnmacht durch ein übersteigertes Kontrollverhalten zu kompensieren.

Sie haben sich in der jetzigen Inkarnation vorgenommen, das Gefühl der Ohnmacht zu heilen, indem sie sich für die Wirklichkeit öffnen. Tun sie dieses, erkennen sie, dass sie ihr eigener Schöpfer sind. Der Fokus wird nicht mehr auf die anderen gerichtet, sondern auf sich selbst, auf den Menschen, der sich selbst die Situationen im Leben kreiert. Was soll man noch auf andere schauen, sie kontrollieren wollen, wenn man doch sein eigener Schöpfer ist?

Sich selbst bewusst sein. Sich erfahren als eigener Schöpfer. Die Situationen im Leben führen und erkennen, dass sie ihr eigener Schöpfer sind.

Sie müssen lernen, den Schöpfer in sich wirken zu lassen. Ungeahnte Möglichkeiten werden sich diesen Seelen in dem Moment, in dem sie sich ihr Thema angeschaut haben, ermöglichen. Die Energie in ihrem Leben kann endlich anfangen zu fließen, wodurch das Leben leichter verläuft. Widerstände, die früher durch das Kontrollverhalten aufgetreten sind, können weichen, und die Schöpferkraft kann endlich fließen.

Visionen, nie gedachte Gedanken, neue Ideen tauchen auf. Die Aussöhnung mit dem Vater kann stattfinden (dabei spielt es keine Rolle, ob er noch lebt,

Kontakt besteht oder nicht). Ungute Gefühle, die zum irdischen Vater vorhanden waren, sind plötzlich nicht mehr da. Warum? Die Aussöhnung mit dem inneren Schöpfer konnte endlich erfolgen, und damit auch die Aussöhnung mit dem irdischen Vater.

Lasst die Schöpferkraft durch euch fließen. Übernehmt die Verantwortung für euer Leben. Es geht nicht um die anderen, es geht um euch. Ihr seid Schöpfer.

Ihr tragt ein großes Potenzial in euch, das gelebt werden möchte. Fähigkeiten, die noch nie auf Erden gelebt, Ideen, die noch nie auf Erden hervorgebracht worden sind. Es geht um euch. Um eure Schöpferkraft. Es geht darum, endlich den Schöpfer in euch zu leben.

Der Schöpfer möchte sich durch euch erfahren, deshalb muss euer extremer Fokus auf die Dualität aufgebrochen werden, damit ihr endlich den Blick auf die Wirklichkeit richtet. Dieses Mal wollt ihr nicht in einem Gefühl der Ohnmacht leben, jetzt geht es um das Leben eurer eigenen Macht, um Verantwortung. Es geht darum zu erkennen, dass es keine Schuld gibt, dass ihr ein göttliches Wesen in einem menschlichen Körper seid. Darum geht es. Erkennt, wer ihr seid.

Was wollt ihr euch darum kümmern, was andere machen? Seid ihr im Fluss, sind es auch die Menschen in eurem Umfeld. Sie spüren es sofort und können endlich damit aufhören, den »Knopf« bei euch zu drücken, der bei euch auslöst, dass alles wieder außer Kontrolle ist. Deshalb schaut euch die Situationen in eurem Leben an, was wollen sie euch zeigen? Worum geht es? Schaut es euch an. Verändert den Fokus. Betrachtet es aus der Wirklichkeit. Schaut es an. Erkennt und gebt es in die Hände Gottes und der Geistigen Welt. Öffnet euch für die Heilungs- und Gnadenenergie.

Spürt ihr, wie der Druck nachlässt? Wie gut es tut, nichts mehr kontrollieren zu müssen? Spürt ihr die Leichtigkeit in eurem Herzen?

Denkt an die Belohnungen und Geschenke, an die Lösungen, die eure Seele für euch festgelegt hat, wenn ihr dieses Thema endlich geheilt habt. Spürt die Leichtigkeit, die euch durchströmt. Spürt die Liebe und die Gnade Gottes. Gott möchte niemanden leiden sehen. Aber es wurde ein Experiment beschlossen, das Experiment in der Dualität, in der sich Seelen erfahren – mit freiem Willen und Wahlmöglichkeiten. Diese Wahlmöglichkeiten sind die Wahl zwischen Dualität und Wirklichkeit.

Ihr habt jederzeit die Wahl, euch in die Energie der Wirklichkeit zu erheben. Dort sind die Lösungen, dort ist die Liebe, dort ist die Fülle.

Oft wird Gott beschuldigt, für das Leid der Menschheit verantwortlich zu sein, doch Gott hat es sich nicht ausgedacht. Das Leid entstand, weil der Mensch mit der zunehmenden Dualität vergessen hat, wer er ist, und sich getrennt von Gott, abgeschnitten von der göttlichen Quelle, erfahren hat. Nur ein Mensch, der sich getrennt von Gott erfährt, ist in der Lage, grausam zu denken und zu handeln. Nur ein Mensch, der sich getrennt von Gott erlebt, kann töten. Das Experiment hat eine Eigendynamik entwickelt. Gott wollte es schon lange beenden und alles zurück in die Einheit holen, doch große Wesenheiten und Erzengel baten um Aufschub. Der Planet und die Menschheit sollten die Möglichkeit erhalten, sich selbst zu heilen. Es sollte ein Umkehrungsprozess stattfinden, zurück vom Tiefpunkt der Dualität und von schwerster Dichte in die Wirklichkeit – in ein neues Zeitalter, das Goldene. Jede Seele, die auf Erden inkarnierte, wurde befragt und stimmte dem zu. Deswegen drängt ihr euch selbst, euch eure Themen anzuschauen und zu heilen, denn ihr wollt den glücklichen Ausgang dieses Experiments miterleben.

Aus diesem Grund sind die Prozesse gerade in diesen Zeiten so schwer – es geht um Heilung der Verletzungen und Ängste aus allen Inkarnationen. Ihr dürft alte Muster nicht mitnehmen in die Neue Energie.

Also schaut es euch an, erkennt, gebt ab, lasst euch heilen und von Gnadenenergie durchfließen. Spürt die Verbindung zum Schöpfer und begebt euch hinein in den Fluss des Lebens. Lasst den Schöpfer durch euch leben und öffnet euch für die Wunder des Lebens. Bedenkt, Gott selbst will für euch nur Liebe und Fülle – in allen Bereichen eures Lebens.

Wir wissen, wer diese Zeilen liest. Wir wissen es.

Angst vor dem Leben

Angst vor dem Leben an sich. Angst vor der Materie. Angst vor der Dualität.

Seelen, die Angst vor dem Leben haben, flüchten gerne, indem sie sich benebeln und an Süchten berauschen. Sie tragen eine tiefe Todessehnsucht in sich. Auch hier geht es um Traumata aus vergangenen Leben. Es sind Seelen, die von einer besonders tiefen Sehnsucht und einer Art »Heimweh« erfasst sind. Sie sind sehr sensibel, sie haben ihre geistige Heimat in der Wirklichkeit am meisten vermisst, sich in zwei Welten aufgehalten und es nicht geschafft, diese beiden Welten miteinander zu verbinden. Sie haben es sich zur Lernaufgabe gemacht, ihre Süchte zu überwinden. Es sind Seelen, die durch das Leben in tiefste Krisen gestürzt werden, sich dann in Süchte flüchten und/oder von einer starken Todessehnsucht erfüllt sind.

Sie wollen in dieser Inkarnation ihre Sucht und Todessehnsucht überwinden. Ihre Aufgabe ist es zu erkennen, dass beide Welten miteinander verbunden werden müssen. Das ist das Schöne am Planeten

Erde: Gedankenkraft/Visionen sollen in die Materie gebracht werden. Um in der Wirklichkeit zu leben, bedarf es keiner Hilfsmittel, es geht um die reine Absicht. Geht ein Mensch in die Absicht, die Wirklichkeit zu erfahren, so erfährt er sie. Das Leben an sich ist ein ständiger Schöpfungsprozess. Es entsteht eine Idee, und irgendwann ist diese Idee manifestiert. Die Gedanken der Menschen manifestieren sich. Es gibt kein Gedanke, der nicht ohne Wirkung bleibt, alles ist miteinander verbunden, alles ist Energie, alles schwingt. Je dichter und fester sich etwas für uns anfühlt, desto langsamer schwingt es.

Seelen mit der Herausforderung »Angst vor dem Leben« müssen wieder lernen, sich in der Dualität zu erfahren. Sie müssen nicht zwischen den Welten hin und her pendeln. Es gibt keine Trennung. Trennung ist Illusion. Sie müssen wieder lernen, die Materie zu lieben, die Schönheit des Planeten zu erkennen.

Haben diese Seelen es geschafft, sich zu heilen, sind sie wunderbare starke Persönlichkeiten. Sie besitzen die Fähigkeit, wiederum anderen Seelen zu helfen, die sich in Abhängigkeiten befinden. Niemand kennt die Abgründe und die Dunkelheit besser, in die sich eine Seele verirren kann.

Aus diesem Grund ist auch niemand besser geeignet, anderen Seelen in ähnlichen Situationen zu helfen.

Erkennt, dass ihr beides leben könnt, dass es keine Trennungen gibt.

Erkennt, dass die geistige Heimat in euch ist und sich nur ein Teil der Seele in dieser Inkarnation erfährt, der restliche Teil ist in der Geistigen Welt.

Erkennt, dass ihr Schöpfer seid und nie vom Schöpfer getrennt wart. Trennung ist Illusion. Ihr seid und wart niemals allein. Niemals. Es ist alles ALL-EIN, auch wenn ihr euch in der Dualität oft als einsam erfahrt. Viele Menschen erfahren sich in einer großen Einsamkeit, und die Geistige Welt weiß darum. Sie kennt eure Trauer und Verzweiflung. Oft ist es so, dass ihr so tief in der Dualität steckt und im Ego – ja, auch Einsamkeit ist ein Spiel des Egos –, dass wir euch nicht erreichen können. Wenn ihr euch öffnen und lauschen und uns spüren würdet, dann wüsstet ihr, dass ihr nie alleine seid. Ihr seid immer umgeben von Engeln, Geistführern und Krafttieren, die versuchen, euch zu erreichen. Wir warten darauf, dass ihr uns ruft, denn ihr habt einen freien Willen, und ohne eure Zustimmung dürfen wir nicht eingreifen.

Aber auch das Erfahren der Einsamkeit habt ihr als Seele beschlossen. Nur so könnt ihr die All-Einheit erfahren. Deshalb hat sich fast jede Seele bestimmte Phasen im Leben ausgesucht, um die Einsamkeit zu erfahren. Über dieses Erlebnis können viele sich selbst erst richtig erkennen.

An alle Seelen, die gerade eine Phase der Einsamkeit durchleben:

Es ist eine Zeitperiode, die ihr euch selbst ausgesucht habt, um euch zu erfahren, dieses Mal ohne Spiegel einer anderen Seele. Es ist eine Zeitperiode, in der ihr euch irgendwann nicht mehr ablenken könnt, und dann kehrt Stille ein, die euch ermöglicht, an den Ort eures Herzens zu reisen, an dem es keine Geräusche gibt, keinen Lärm, keine Ablenkungen. Ihr reist zu euch. Ihr hört in euch hinein und reist zu dem Ort in eurem Herzen, in der Gott ist. Es ist ein heiliger Moment. Ihr schaut in euer Herz, in Gott und spürt euch. Ihr spürt die Wirklichkeit. Vielleicht spürt ihr euch zum ersten Mal. Es gibt niemanden, der euch ablenken kann. Ihr spürt euch. Dieses kann euer Leben verändern. Wann könnt ihr euch so sehr ohne Fremdbestimmung spüren? Einfach nur sein. Ihr selbst sein. Ihr spürt eure Stärke, die Liebe in euch. Ihr spürt die Wirklichkeit. Ihr spürt Frieden. Ihr seid.

Diese Erfahrung ist so wichtig. Ihr müsst spüren, wer ihr seid. Das gehört zum Erwachungsprozess. Es ist wichtig, dass ihr immer wieder diesen Ort in eurem Herzen aufsucht, auch wenn ihr wieder in einer Partnerschaft seid. Gerade dann ist es wichtig, immer wieder zu sich selbst zurückzukehren.

Seelen, die »Angst vor dem Leben« haben, leiden oft an einer tiefen Einsamkeit, selbst wenn sie viel unter Menschen sind, fühlen sie sich als Fremder Sie haben sich selbst entfremdet, weil sie vergessen haben, an den Ort ihres Herzens zu reisen. Sie haben vergessen, dass die Wirklichkeit in ihnen ist, dass die Heimat in ihrem Herzen ist. Sie haben vergessen, sich zu spüren, wer sie sind. Sie haben sich vergessen. Deswegen auch hier: Schaut es euch an, erkennt, legt diese Angst in die Hände Gottes und die der Geistigen Welt. Öffnet euch für die Gnaden- und Heilungsenergie, die euch jetzt durchströmt. Geht in die Absicht zu heilen. Ihr werdet Heilung erfahren. Bei Süchten werdet ihr zu den richtigen Menschen geführt, die euch helfen. Ihr erhaltet die Stärke, hindurchzugehen. Bevor ihr in diese Inkarnation gegangen seid, habt ihr eure vollkommene Heilung festgelegt – und so wird es sein.

Wir wissen, wer diese Zeilen liest. Wir wissen um euch. Ihr seid nicht allein!

Angst vor der Hingabe

Angst vor der Hingabe ist die Angst, sich zu verlieren, sich seiner selbst nicht mehr bewusst zu sein. Diese Angst haben Seelen, die sich in früheren Inkarnationen oft »verloren« hatten, sich so für andere einsetzten, dass sie zum Schluss vergaßen, wer sie überhaupt waren. Oder sie setzten sich so sehr für eine Aufgabe ein, dass sie dabei ihr Leben riskierten. Solche Seelen sind in dieser Inkarnation das Gegenteil. Sie wirken wie Einzelgänger: verschlossen, distanziert, kühl. Dabei tragen sie so viel Liebe in sich, können diese aber nicht mehr zeigen und leben. Es ist, als wenn sich eine feste Schale um ihr Herz geschlossen hätte. Sie haben sich einen Panzer angelegt, der durch nichts zu durchbrechen ist. Und sie leiden. Sie verstehen es selbst nicht, aber sie fühlen sich sehr einsam. Unbewusst haben sie Angst, sich zu öffnen, sich für das Gegenüber zu öffnen. Aber gerade die Schönheit des Lebens offenbart sich im Teilen, im Öffnen.

Öffnen für die Freundschaft, für die Liebe. In der Dualität wird diesen Seelen ihre anscheinende Kühle und Distanziertheit widergespiegelt. Partnerschaften zerbrechen, Freunde wenden sich ab, und letztendlich stehen sie alleine da. Das Leben macht ihnen keinen Spaß mehr. Nichts bringt ihnen Freude – kein interessanter Film, kein Buch. Die Schönheit der Natur kann nicht mehr wahrgenommen werden. Leere tritt ein, eine unerträgliche Leere. Es gibt keine Empfindungen mehr, keine Emotionen. Die Leere hat sich im Leben ausgebreitet. Es scheint, als hätten sich diese Seelen verboten, zu lieben und geliebt zu werden, aus Angst, sich zu verlieren, sich nicht mehr zu spüren. Genau diese Angst vor der Hingabe bewirkt schließlich, dass sie sich nicht mehr spüren. Sie haben sich verloren.

Dabei erfahrt ihr euch im Spiegel des anderen. So, wie sich das Gegenüber verhält, erfahrt ihr euch. Begegnet ihr vielen aggressiven, zornigen Menschen, machen sie euch auf eure eigenen Aggressionen und die Wut, die in euch steckt, aufmerksam.

Begegnet ihr harmonischen, liebevollen Menschen, spiegeln diese euren momentanen harmonischen Zustand wider. Euer Umfeld ist euer Spiegel.

Eingebunden in das Netz der Seelenverträge erfahrt ihr, wer ihr seid, und ihr erfahrt Heilung. Euer Umfeld führt euch voran, auf den Weg.

Der Mensch braucht sich. Deswegen auch die Sehnsucht nach dem passenden Partner.

Es gehört zum Menschsein, die schönen Momente des Lebens zu teilen, sich gegenseitig zu unterstützen und zu helfen. So ist es, und es ist schön so.

Ihr könnt euch nicht verlieren, wenn ihr euch eurem Gegenüber öffnet, sondern nur dann, wenn ihr es nicht tut. Natürlich gibt es Phasen im Leben, in denen ihr den Rückzug braucht. Diese sind sehr wichtig, um in euch hineinzuspüren, wenn ihr Entscheidungen trefft oder einen Richtungswechsel vornehmen müsst. Es ist ein ständiger Wechsel, ein harmonisches Zusammenspiel zwischen Rückzug, Einkehr bei sich selbst und eine Öffnung dem anderen gegenüber. Ein Mensch im Einklang mit sich selbst, ein erwachter Mensch, beherrscht dieses Spiel, und er weiß, dass das eine nicht ohne das andere geht.

Ihr müsst wissen, wer ihr seid. Ihr müsst euch und euer Selbstbewusstsein spüren und euch gleichzeitig für das Gegenüber öffnen. Wenn ihr in der Wirklichkeit lebt, dann lebt ihr in der Liebe. Wenn ihr Angst vor der Hingabe habt, dann fürchtet ihr die Wirklichkeit, die Wahrhaftigkeit. Die Wahrhaftigkeit ist die allumfassende göttliche bedingungslose Liebe. Deswegen öffnet euer Herz. Lasst die Wirklichkeit in euer Herz. Öffnet euch, und ihr werdet wieder spüren, dass ihr lebt. Die Leere wird aus eurem Herzen und Leben weichen. Menschen können wieder in euer Leben treten. Ihr findet wieder Erfüllung im Leben. Der berufliche Erfolg kann wieder einsetzen.

Blockiert ihr in eurem Herzen das Erfahren der Wirklichkeit, blockiert ihr alle Bereiche in eurem Leben. Darum öffnet euer Herz, erlaubt euch, wieder zu lieben und geliebt zu werden. Werdet wieder weich. Lasst uns den Panzer von eurem Herzen nehmen, diese harte Schale, die ihr euch selbst auferlegt habt. Das Leben wird dann leichter werden. Die Energien können fließen, und ihr spürt euch wieder.

Die Leere weicht, und kleine Dinge werden euch wieder Freude bereiten. Ihr erkennt wieder die Schönheit der Natur, habt wieder Freude an einem schönen Buch, das endlich euer Herz berühren kann. Ihr habt wieder Freude an der Gesellschaft anderer, an der Liebe. Ja, ihr könnt euch wieder für die Liebe öffnen, wenn der stimmige Zeitpunkt in euer Leben eingetreten ist. Ihr habt es geschafft. Und – habt ihr euch verloren? Nein, ihr habt euch gefunden.

Für alle Seelen, die sich hier angesprochen fühlen:

Wir wissen, wer diese Zeilen liest. Schaut es euch an. Erkennt und legt es in die Hände Gottes und der Geistigen Welt. Gebt es ab, damit die Heilungs- und Gnadenenergie euch durchströmen kann.

Lasst euch heilen. Es genügt zu erkennen und in die Absicht zu gehen. Den Rest übernehmen wir.

Wir wissen, wer diese Zeilen liest. Wir wissen es.

Angst vor der Wahrhaftigkeit

Menschen, die sich vor der eigenen Wahrhaftigkeit fürchten, haben Angst, ihr eigenes Leben zu leben. Sie kümmern sich geradezu zwanghaft um andere und sorgen sich um deren Ängste und Bedürfnisse. Sie verlieren sich geradezu im Leben der anderen. Sie leben für ihren Partner, ihre Kinder, für Verwandte und Freunde.

Sie opfern sich geradezu auf, vergessen sich und fühlen sich dementsprechend dauernd erschöpft. Sie geben und geben und pflegen nicht mehr den empfangenden Aspekt des Nehmens in sich. Im Laufe der

Zeit baut sich in ihnen eine zunehmende Gereiztheit auf, die zu Aggression und Zorn führt. Diese Menschen haben sich vergessen – ihre Fähigkeiten, Talente, ihren eigenen Weg. Sie leben für andere, aber sie leben sich nicht mehr.

Sie spüren sich nicht mehr. Das Gegenüber soll das kompensieren, was selbst nicht gelebt werden kann.

Auch hier liegen Verletzungen und Ängste aus vergangenen Leben zugrunde.

Diese Seelen hatten oft außergewöhnliche Fähigkeiten, doch sie wurden durch die Gesellschaft und das äußere Umfeld oft gezwungen, sich anzupassen. Das Leben der eigenen Individualität wurde oft bestraft, bis zur Verfolgung. Das der eigenen Persönlichkeit wurde nicht gestattet – eine ständige Anpassung wurde gefordert.

Es entstand ein tiefes Trauma: Ich darf meine Persönlichkeit, meine Individualität, meine Wahrhaftigkeit nicht leben. Dieses Verhaltensmuster haben Seelen, die diesen Aspekt heilen wollen, mit in diese Inkarnation gebracht.

Sie machen die Erfahrung, sich total zu verlieren. Eines Tages sind die Kinder aus dem Haus, die Ehe vermutlich gescheitert oder leer. Dann müssen sie sich anschauen, wo sie die ganze Zeit waren. Konnten sie ihre Träume und Wünschen leben?

Was hätten sie eigentlich leben wollen? Wo ist der Dank geblieben?

Sie machen oft die schmerzhafte Erfahrung, dass es ihrem Umfeld zu viel wird. Es fühlt sich oft eingeengt durch die vielen Ratschläge, die übermäßige Fürsorge. Auch hier weisen die anderen Seelen darauf hin:

Lebe dein Leben, lebe deine Fähigkeiten so, wie wir unsere Erfahrungen machen und unsere Fähigkeiten leben.

Darum schaut es euch an. Erkennt und lasst diesen Schmerz los. Erkennt, dass ihr einzigartige Persönlichkeiten seid, mit einzigartigen Fähigkeiten, die gelebt werden wollen. Erkennt euren Weg, ihr habt ihn selbst vor eurer Inkarnation festgelegt. Horcht hinein in euer Herz. Was bereitet euch Freude?

Was hat euch immer Frieden gebracht? Schaut hin. Ihr habt euch vergessen, jetzt ist es Zeit, dass euer Leben beginnt und ihr wieder lebt. Lebt eure Einzigartigkeit und Individualität. Ihr habt es verlernt, aber euer Herz wartet darauf, all die vergessenen Fähigkeiten wieder zum Leben zu erwecken.

Ihr werdet erstaunt sein, was alles in euch steckt. Ihr seid in der Lage, euer Leben komplett umzukrempeln und wieder das zu sein, was ihr schon immer wart:

Eine sich ihrer selbst bewusste, entscheidungsfreudige, eigenständige Persönlichkeit, die autark ihr Leben gestaltet. Eine Persönlichkeit, die weiß, was sie möchte.

Wir wissen, wer diese Zeilen liest. Wir wissen es. Darum öffnet euer Herz, gebt eure Ängste und Sorgen ab. Öffnet euer Herz für die Liebe Gottes und die der Geistigen Welt. Öffnet euer Herz für die Heilungs- und Gnadenenergie Gottes. Öffnet euch.

Spürt euch wieder. Wir wissen, wer diese Zeilen liest. Ihr dürft endlich der Mensch sein, der ihr schon immer wart. Ihr habt euch verloren. Jetzt findet ihr wieder zu euch und spürt euch wieder. Tränen werden fließen, und das ist gut so. Lasst erst den Schmerz hinaus, das gehört zum Heilungsprozess. Ihr wart nie allein.

Die Geistige Welt war immer da. Deswegen öffnet jetzt euer Herz. Erkennt euch wieder. Erkennt euch. Schaut euch den verborgenen Schatz in eurem Innern an, der endlich geöffnet werden möchte. Ihr habt euer Handwerkszeug mitgebracht.

Es ist alles vorhanden, ihr müsst es nur endlich aus der Kiste herausholen und anwenden. Darum öffnet euer Herz und geht euren eigenen, wundervollen Weg. Seid wieder ihr selbst. Erkennt eure Stärke und Einzigartigkeit. Lebt euer Leben!

Euer Umfeld wird eure neu gewonnene Integrität sofort wahrnehmen und euch mit dementsprechendem Respekt und Wertschätzung entgegentreten.

Wir wissen, wer diese Zeilen liest. Wir wissen es.

Angst vor dem Tod – Angst vor dem Sterbeprozess

Welche inkarnierte Seele hat nicht Angst vor dem Tod? Viele verwechseln diese Angst mit der vor dem Sterbeprozess, doch die Seele ist unsterblich. Sie ist, war und wird immer sein.

Nur ihre Form ändert sich. Ein Teil der Seele hat beschlossen, sich auf dem Planeten Erde in Form eines menschlichen Körpers zu erfahren. Dieser ist nicht unsterblich, die Seele ja. Aus Sicht der Dualität tritt mit dem Verlassen des Körpers der Tod ein. Es ist der Tod des Körpers – die menschliche Seele beziehungsweise der Teil, der von ihr inkarniert ist, kehrt zurück zur geistigen Heimat. Mit dem Tod hat die menschliche Seele die Dualität verlassen und ist voll und ganz wieder in die Wirklichkeit eingetreten. Es ist die Rückkehr nach Hause, zurück zur geistigen Heimat. Wieder hat sie ihre Aufgaben vollbracht, sich erfahren, Seelenverträge eingelöst. Sie hat Erfahrungen gemacht, die ihr nur in der Dualität möglich sind.

Sie hat gelernt, aufgelöst, und kann, wenn sie es möchte, wieder erneut eine Inkarnation antreten. In der Regel ruht sich der Teil der Seele, der inkarniert war, erst einmal in der Geistigen Welt aus, schaut sich an, was er erfahren hat und kann sich auch schon für eine nächste Inkarnation vorbereiten.

Allgemein gesagt: Der Tod ist für die Seele die Rückkehr in die Geistige Welt.

Inkarnieren und sich in einem menschlichen Körper zu erfahren, ist für sie sehr anstrengend, da sie in die Dichte und die Materie hinabsteigen muss.

Die Angst der Seele besteht nicht vor dem Tod an sich, sondern viele haben Angst vor dem Sterbeprozess, weil sie wissen, ihr Ego wird versuchen, den Sterbeprozess in die Länge zu ziehen, denn mit dem Tod muss das Ego endgültig von der Seele weichen. Das Ego ist an den menschlichen Körper gebunden, in Wirklichkeit gibt es kein Ego.

Aus diesem Grund ist es so wichtig, dass ihr in eurem Leben die bedingungslose Liebe leben lernt, die bedingungslose Liebe ohne Widerstand, die loslassen kann und nicht verurteilt. Die Liebe, die weiß, die geben und annehmen kann. Es ist so wichtig!

Erkennt ihr, wie wichtig es ist, die Wirklichkeit in euer Leben zu integrieren?

Erkennt den Segen der Seelenverträge, die euch letztendlich dort hinführen wollen, um eins zu lernen, anzuwenden und zu integrieren: die bedingungslose Liebe – ohne Widerstand. Habt ihr das gelernt, könnt ihr loslassen, selbst wenn der von euch festgelegte Zeitpunkt der Rückkehr in die geistige Heimat kommt. Dann könnt ihr leichter euren Körper verlassen, leichter von ihm Abschied nehmen, der all die Jahre so ein treuer Gefährte war.

Versteht ihr nun auch die Wichtigkeit der Seelenverträge? Mit ihrer Hilfe könnt ihr euch anschauen, was ihr heilen sollt. Und egal, welcher Schmerz, welche Urangst sich zeigt: Ihr sollt wieder in der Lage sein, gefahrlos zu lieben und geliebt zu werden, die bedingungslose Liebe lernen, ohne Widerstand.

Habt ihr euch alles angesehen und geheilt, könnt ihr euch immer wieder in die Energie der bedingungslosen Liebe begeben. Dann könnt ihr auch loslassen, wenn eure Seele den Zeitpunkt für die Rückkehr in die Geistige Welt eingeläutet hat.

Dann habt ihr keine Angst mehr vor dem Sterbeprozess.

Seid ihr euch über die Wirksamkeit der Seelenverträge im Klaren, könnt ihr auch verzeihen. Es ist so wichtig für euren Heilungsprozess, für das Erleben der Wirklichkeit, dass ihr verzeiht. Darum schaut es euch an. Schaut tief hinein in euch, was ihr alles mit Hilfe der anderen Seelen lernt, die mit euch inkarnieren, was für Geschenke sie für euch bereithalten.

Wie viel versteckter Segen liegt in so vielen schmerzhaften Situationen und Erlebnissen. Oft verstehen es die Menschen erst mit einem gewissen Zeitabstand.

Deswegen schaut es euch an, euer Leben. Was hat euch welche Situation beigebracht? Was hat dahintergesteckt? Seid ihr dadurch weitergekommen?

Und sie bereiten euch auch auf die letzten Stunden in eurem Erdendasein vor. Die Liebe derer, die mit euch die Seelenverträge eingegangen sind, sie ist so groß. Ihr sollt geläutert eure letzte Reise antreten, frei von Kämpfen des Egos.

Die vollkommene Heilung all eurer Ängste und Träume bringt euch das Leben und Erfahren der bedingungslosen Liebe.

Deswegen schaut es euch an, öffnet euch für die Heilungs- und Gnadenenergie Gottes, die jetzt euer Herz durchströmt. Spürt diese kraftvolle, erhabene Energie, die euch durchflutet. Diese Liebe, Leichtigkeit, Geborgenheit – die bedingungslose Liebe, ohne Widerstand. Die Liebe, die nicht verurteilt, nicht fordert, nicht festhält, die einfach nur ist, die glücklich ist, wenn sie geben kann, die aber auch empfangen kann. Spürt diese allumfassende göttliche Liebe. Ziel der Seele ist es, diese Liebe in allen Bereichen eures Lebens zu leben. Verankert es in euch. Diese Liebe bringt euch die Gnade, die Heilung, die Klarheit. Sie zeigt euch, wer ihr seid. Sie macht frei. Sie löst euch von Fremdbestimmung und führt euch in ein selbstbestimmtes Leben.

Sie nimmt euch die Angst vor der letzten Wegstrecke, wenn sich der Geist aus dem Körper, eurem Gefährten, löst und in die geistige Heimat geht.

Wir wissen, wer diese Zeilen liest. Wir wissen es.

Viele Seelen haben sich mehrere dieser Ängste anzuschauen. Es ist oft ein Netz aus Traumata und Verletzungen, das die Seele anschauen und heilen muss.

Die Seelen, die zurzeit inkarniert sind, haben sich viel vorgenommen.

Es geht um den Weg, der zum Erwachen führt, als göttlicher erwachter Mensch auf Erden. Auf diesem Weg finden heftige Läuterungsprozesse statt. Die Seele muss sich nicht nur ihren Ängsten stellen, sie anschauen und auflösen, sie muss ihren einzigartigen individuellen Weg nicht nur erkennen, sondern auch leben.

Es ist kein einfacher Weg, die Geistige Welt weiß es, es ist kein einfacher Weg.

Das Ego versucht immer wieder, sich in den Weg zu stellen. Es ist vergleichbar mit einer Gratwanderung. Kaum ist das eine geschafft, kommt gleich das nächste.

Wieder anschauen, erkennen, loslassen, heilen. Ihr habt euch so viel vorgenommen, weil ihr dabei sein wolltet. Ihr wolltet dabei sein, den Planeten Erde in ein neues Zeitalter zu führen. Ihr wolltet dabei sein und mit euren Fähigkeiten dazu beitragen. Deshalb seid ihr auch so geachtet und geliebt.

Ihr seid nicht allein. Die Geistige Welt ist bei euch und begleitet euch.

Wir wissen, welche Herausforderungen ihr durchlebt, und darum durchfluten wir euch mit Gnadenenergie, damit ihr nicht alles alleine auflösen müsst.

Und es warten Geschenke auf euch, große Geschenke. Also schreitet voran, bleibt nicht stehen. Schreitet voran.

Gnade

Das Wirken der Gnade

Ihr Menschen lebt auf einem Planeten mit Gesetzmäßigkeiten, die es nur in der Dualität gibt. Eine Gesetzmäßigkeit ist zum Beispiel die Zeit. Nur durch die Zeit ist lineares Denken möglich, denn in der Wirklichkeit gibt es keine Zeit und dementsprechend kein lineares Denken. Es gibt nur ein Sein im Hier und Jetzt, weil es schon immer war, ist und sein wird. Es ist. Die Seele ist unsterblich.

Durch die Zeit hat die Menschheit den Alterungsprozess erschaffen. Altern ist Illusion, denn dieses ist nur aufgrund des linearen Denkens entstanden. Ja, auch das Altern des Körpers ist Illusion. Ihr habt es euch sozusagen als einen Erfahrungsprozess kreiert.

In der Wirklichkeit gibt es keine Zeit und auch kein Altern. Es ist. Was soll dann altern? Das gibt es nur in der Dualität. Je mehr ihr euch wieder zu einem göttlichen Menschen auf Erden entwickelt, desto stärker wird sich auch euer Zeitempfinden ändern.

Zurzeit habt ihr das Gefühl, dass die Zeit »rast«. Warum rast sie für euer Empfinden?

Ihr habt alle beschlossen, euer Zeitempfinden zu beschleunigen, weil ihr es als Seelen nicht mehr abwarten könnt, endlich wieder zu dem zu werden, was ihr eigentlich seid.

Deshalb empfindet ihr es momentan so, als würdet ihr nicht mehr zur Ruhe kommen. Das Leben »rast«. Ihr selbst habt die Dinge so beschleunigt, weil ihr endlich das leben möchtet, auf das sich eure Seele seit Inkarnationen schon vorbereitet hat.

Auf eurem Weg von Punkt A nach Punkt B ereignet sich viel mehr als noch vor einigen Jahren. Darum habt ihr alle das Gefühl, die Zeit hätte sich beschleunigt.

Und aus Sicht der Dualität hat sie sich tatsächlich beschleunigt.

Das zeigt euch aber auch wieder, dass es Zeit eigentlich nicht gibt. Denn wie kann man eine Gesetzmäßigkeit beliebig verändern? Es ist eine Gesetzmäßigkeit der Dualität, nicht der Wirklichkeit. Läuft in der Dualität alles linear, auch eure Denkweise, so verläuft in der Wirklichkeit alles kreisspiralförmig.

Es dreht sich alles um das Hier und Jetzt. Ihr bewegt euch nicht auf einer Linie von A nach B wie in der Dualität, sondern ihr steht im Kreis, und es bewegt sich alles um euch. Wenn ihr die Zeit beschleunigen könnt, dann könnt ihr sie auch verlangsamen.

Ihr könnt den Alterungsprozess verlangsamen beziehungsweise ganz aussetzen. Ihr müsst nicht altern, denn ihr besitzt die Fähigkeit, euren Körper ständig zu verjüngen. Altern ist Illusion!

Es geht nicht darum, dass ihr jetzt wieder alle wie sechzehn ausseht, sondern dass ihr diese Illusion erkennt und euch erinnert, dass ihr diese Fähigkeiten besitzt und auch noch mit 100 Jahren einen Wüstenmarathon laufen könnt. Wie ist es möglich, dass solche Gesetzmäßigkeiten wie die Zeit und der Alterungsprozess plötzlich durchlässig sind? So war es doch nicht zu früheren Inkarnationen.

Zum einen habt ihr als Seelen es so beschlossen, und zum andern ist es die Gnade Gottes. Ihr erfahrt zurzeit auf eurem Planeten viel Gnadenenergie. Glaubt ja nicht, Gott würde eure Gebete nicht hören, eure Traurigkeit nicht sehen. Er kennt jeden von euch, und er lässt besonders zu dieser Zeit kontinuierlich Gnadenenergie strömen. Gnade ist, sich über die Gesetzmäßigkeiten hinaus zu erheben. Wenn die Seele festgelegt hat, für das Empfinden drei Jahre durch schwierige Prozesse zu gehen, kann die Gnade Gottes bewirken, dass es drei Monate sind.

Die »Zeitbeschleunigungen« auf Erden haben viel mit der Gnade Gottes zu tun. Ihr müsst so viel auflösen, und ihr habt euch so viel vorgenommen – aber ihr seid auch Menschen, die sich in einer Dualität erfahren und Emotionen durchleben. Es ist sehr schwer. Die Seele soll nicht an ihren vielen Aufgaben zerbrechen, sondern sie soll sich bestens entwickeln.

Und gerade in dieser Inkarnation soll alles aufgelöst werden, der ganze Schmerz aus vergangenen Inkarnationen. Das ist enorm und führt die Seele in ihrem menschlichen Erleben weit über ihre Grenzen hinaus. In diesen Momenten wirkt die Gnade Gottes, die euch die Bürde abnimmt, damit ihr nicht so lange bei einem Thema verharren müsst. Aus diesem Grund ist es so wichtig, dass ihr immer wieder in die Absicht geht zu heilen und um die Gnadenenergie bittet. Lasst euch durchfluten von der Gnadenenergie, öffnet euch für die Gnade Gottes, dann habt ihr es leichter. Gott und die Geistige Welt warten nur darauf, euch zu helfen. Aber ihr müsst darum bitten.

Das Geschenk Gottes

Die Gnadenenergie ist ein Geschenk Gottes an die Menschheit, das die Aufhebung von Gesetzmäßigkeiten bewirkt.

Wie sieht es aus – ihr habt die Seelenverträge festgelegt, könnt ihr sie auch während eurer Inkarnation aufheben lassen?

Grundsätzlich: Seelenverträge können nicht durch andere Menschen aufgehoben werden. Niemand auf Erden kann einen Seelenvertrag auflösen – niemand!

Ihr müsst bedenken, ihr seid in der Dualität und könnt nie den kompletten Überblick erhalten über alle Dinge, die ihr vor eurer Inkarnation geplant habt. Niemals, auch wenn ihr noch so klar seid.

Stellt euch vor, ihr habt von Seelenverträgen gehört, euch geht es nicht gut, und mit einigen Menschen fühlt ihr euch nicht wohl. Jetzt geht ihr zu einem dieser Menschen und bittet ihn, den Seelenvertrag zwischen euch und ihm zu lösen. Was würdet ihr euch alles nehmen? Euer komplettes Leben würde durcheinandergeraten, weil entscheidende Mosaiksteine herausgenommen würden, die zu eurem geistigen Wachstum gehören und Teil eures Weges sind.

Euch würden nicht nur entscheidende Lern- und Heilungsmöglichkeiten genommen, sondern auch die Belohnungen. Ihr habt diese Belohnungen für euch festgelegt, wenn ihr euch nach Meisterung einer Herausforderung auf die nächsthöhere Stufe begebt. Darum – seid froh, dass Seelenverträge nicht durch Menschenhand aufgehoben werden können. Nur Gott selbst kann einen Seelenvertrag aufheben. Es kommt in seltenen Fällen vor und geschieht in Absprache aller beteiligten Seelen. Nur Gott selbst kann aufheben.

Es ist ein Akt der Gnade, wenn die Seelen feststellen, dass sie sich zu viel vorgenommen haben und es nicht schaffen. Es geschieht nur auf Bitten der Seelen hin. Der Teil der Seelen, der sich in der Geistigen Welt befindet und den Teil beobachtet, der zurzeit inkarniert ist, kann beim Schöpfer darum bitten, wenn er merkt, dass es zu schwer ist. Es ist wiederum eine Absprache zwischen den Seelen.

Ihr müsst es euch immer so vorstellen, dass ihr nie als komplette Seele inkarniert, sondern immer nur als ein Teil davon. Euer Höheres Selbst ist der göttliche Teil, der in der Geistigen Welt ist, quasi die Verbindung zwischen dem inkarnierten Aspekt und dem Aspekt der Seele, die das Geschehen beobachtet.

Ihr seid multidimensionale Wesen, die gleichzeitig inkarniert und in der geistigen Heimat sind. Deshalb können die Aspekte der Seelen in der Geistigen Welt beobachten und beraten.

Planänderungen

Ihr selbst könnt keine Seelenverträge aufheben, aber Seelenverträge lassen Planänderungen zu.

Wie bereits erwähnt, erfährt sich ein Teil eurer Seele in dieser Inkarnation als Mensch auf dem Planeten Erde (es handelt sich hier natürlich nicht um den einzig bewohnten Planeten im Universum). Der Rest eurer Seele ist in der geistigen Heimat. Deshalb hat ein Teil von euch immer den Überblick, da er sich in der Wirklichkeit befindet. Ihr seid mit anderen Seelen eurer Familie Seelenverträge eingegangen und erfahrt euch eingebunden in diesem Netz. Ihr habt euch einen bestimmten Weg vorgeschrieben, aber auch Wahlmöglichkeiten mit eingebaut, sogenannte Abkürzungen, indem ihr euch erlaubt, den vorgeschriebenen Weg zu verlassen und dementsprechend schneller die gesetzten Ziele zu erreichen. Auch das ist von Seele zu Seele unterschiedlich.

Es ist aber wichtig für euch zu wissen, dass es diese Wahlmöglichkeiten gibt, die ebenfalls mit eurer Seelenfamilie abgesprochen werden.

Den vorgeschriebenen Weg zu verlassen heißt, sich nicht mehr vom Weg abbringen zu lassen, sondern sich die Visionen und inneren Bildern genau anzuschauen. Das heißt, ihr tretet bewusst mit dem Goldenen Buch des Lebens, der Akasha-Chronik, in Kontakt und erstellt ein Lebenskonzept. Ihr habt eine Vision eurer Wünsche und innerer Bilder. Zielstrebig geht ihr an die Umsetzung heran und setzt für euer Empfinden in der Dualität eine »Zeitbeschleunigung« ein. Dadurch werden von euch ganz bewusst und gesteuert Prozesse in Gang gesetzt, denn ihr seid mit eurem Seelenplan in Kontakt getreten und folgt jetzt euren eigenen Bildern.

Es geht um die direkte Umsetzung eurer Visionen in die Materie. Verlasst ihr den vorgeschriebenen gefestigten Weg und geht querfeldein, verkürzt sich die Wegstrecke, die ihr gehen müsst, um eine Etappe zu erreichen. Sie ist aber auch beschwerlicher und erfordert Mut und Vertrauen. Wählt ihr die Abkürzung, habt ihr keinen vorgeschriebenen gefestigten Boden mehr unter euren Füßen. Der vorgeschriebene Weg macht hier und dort einen Schlenker, es geht mal bergauf, mal bergab, aber ihr könnt euch immer orientieren.

Beim Verlassen des Weges kommt es zu Überraschungen, und ihr müsst blind vertrauen und könnt nur die Richtung festlegen. Und ihr könnt nicht sehr viel Gepäck mitnehmen, da der neue Weg beschwerlicher ist.

Von den Dingen, die ihr eingepackt habt, müsst ihr immer mehr loslassen, da sie euch bei eurer Wanderung behindern. Ihr wisst nie, was euch als Nächstes erwartet: Führt diese Richtung durchs Wasser, muss ein Berg bestiegen werden, oder führt der Weg durch leicht begehbares Gras? Das Verlassen des Weges bringt euch viele Überraschungen, und immer wieder müsst ihr loslassen, was euch behindert, damit ihr leichter wandern könnt.

Zu eurem Erstaunen werdet ihr feststellen, dass es euch irgendwann keine Schwierigkeiten mehr bereitet loszulassen: im Gegenteil, es erleichtert euch.

Beim Verlassen des Weges werdet ihr längst eingeschlafene Fähigkeiten einsetzen und euch ganz neu kennenlernen. Ihr werdet an eure Grenzen und darüber hinaus geführt. Es ist ein beschwerlicher Weg, aber der Lohn ist groß.

Eure Wegetappe ist erreicht. Ihr musstet alles loslassen, was euch während dieser Wanderung beschwerte, und kommt als anderer Mensch am Ziel an. Vieles musstet ihr loslassen, aber ihr habt gelernt, dass euch während der Wanderung alles zur Verfügung gestellt wurde.

Hattet ihr Durst, kamt ihr an einer Wasserquelle vorbei; hattet ihr Hunger, wurdet ihr mit Nahrung versorgt. Ihr musstet während der Wanderung euren kompletten Proviant zurücklassen, da es euch nur unnötig Kraft gekostet hätte, alles mitzutragen. Und ihr machtet die Erfahrung, dass ihr, sobald ihr etwas brauchtet, sofort versorgt wurdet.

Diese Wahlmöglichkeit – dem nicht vorgeschriebenen Weg zu folgen – haben sich viele Seelen in ihren Verträgen vorgemerkt. Sie haben sich sozusagen eine »Zeitbeschleunigung« eingebaut, um sich schneller zum göttlich erwachten Menschen zu entwickeln. Dadurch können sie sich schneller vom Ego befreien und in ihr Wirken gehen.

Entscheidet sich eine Seele für die Wahlmöglichkeit der »Planänderung«, bespricht sie sich mit den Mitgliedern der Seelenfamilie. Die einzelnen Mitglieder orientieren sich mit an dieser Planänderung. Auch sie erfahren dadurch eine Beschleunigung ihrer Entwicklung, da ja alle miteinander verbunden sind.

Seht ihr, wie frei ihr seid? Wie groß ihr seid? Erkennt ihr die Göttlichkeit in euch?

Nehmt sie wahr. Viele Seelen wählen jetzt die Wahlmöglichkeit der Wegabkürzung und folgen endlich den inneren Bildern, die sie erhalten.

Bedenkt: Wenn ihr euren inneren Bildern folgt, muss alles aus dem Weg geräumt werden, was der Verwirklichung dieser Visionen im Weg steht.

Ein Leben, das dem Weg eurer Seele und dem Weckruf eures Herzens entspricht, kann nicht geführt werden, wenn ihr euch an Orten aufhaltet und in Strukturen und ein Umfeld eingebunden seid, die es euch nicht ermöglichen, das zu leben, was ihr seid. Versteht ihr? Aus diesem Grund sieht es zuerst so aus, als wäre das Chaos in euer Leben eingezogen. Aber es geht um Loslösungsprozesse. Die Seele befreit sich von allem, was ihr nicht mehr guttut. Wir wissen, wie schmerzhaft das für euch ist, und um die Verwirrung, die dabei entsteht. Wir wissen um die Schwere, die oft in euer Herz einzieht. Wir wissen es. Es sind Ablösungsprozesse.

Seid geduldig mit euch. Bleibt im Vertrauen. Das Alte muss weichen, damit das Neue in euer Leben eintreten kann. Vergleicht es so: Ihr habt ein Grundstück mit einem alten Haus darauf, doch ihr wünscht euch jetzt endlich das absolute Traumhaus.

Um dieses zu errichten, müsst ihr in dem alten Haus zuerst einiges einreißen. Alte Tapeten müssen raus, die alten Fliesen werden herausgerissen, vielleicht wollt ihr bestimmte Zimmer vergrößern, also werden auch Wände eingerissen. Ja, was meint ihr, wie dieses Haus in der Übergangsphase aussieht?

Ja, genau – ihr lebt vorerst auf einer Baustelle. Es ist schlimmer als vorher.

Überall staubt es, ist Schmutz und Lärm. Ihr findet keine Ruhe, und nichts ist mehr so, wie es einmal war. Es gibt Momente, da bereut ihr alles und denkt: Wie konnte ich nur auf die Idee kommen, dieses Traumhaus zu bauen?

Aber mit der Zeit kehrt immer mehr Ordnung ein, und die anfängliche Unordnung lichtet sich. Nach und nach wird alles erneuert, und nach einer gewissen Zeit befindet ihr euch in einem komplett neuen Haus, das ihr entworfen habt. Ihr genießt die neuen Farben, den frischen Duft, die größeren Räumlichkeiten.

Die anfänglichen Beschwerden sind vergessen. Wenn ihr jetzt durch eure neuen Räume wandert, bereut ihr nichts mehr, sondern freut euch und seid froh, die Vision von einem neuen Haus umgesetzt zu haben.

Genauso ist es, wenn ihr den Bildern eures Herzens folgt. Habt den Mut, setzt sie um! Der Lohn ist groß, sehr groß, und wir unterstützen und helfen euch.

Wir lassen euch nicht im Stich, wir bitten nur um eins: vertraut uns! Das brauchen wir. Vertraut uns! Hört nie auf, uns zu vertrauen und uns um Hilfe zu bitten.

Vertraut uns! Bittet immer wieder um unsere Hilfe und Führung. Wir sind bei euch und warten darauf. Ihr werdet alle so gebraucht, denn ihr seid die Erbauer des Neuen Zeitalters. Die Umsetzung jeder einzelnen eurer Visionen ist ein Baustein für das Neue Zeitalter. Es darf kein Stein fehlen.

Wir wissen, wer diese Zeilen liest. Wir wissen, wer diese Zeilen liest. Ihr seid so gesegnet und geliebt. So gesegnet. Habt keine Angst. Schreitet furchtlos voran.

Ihr dürft in das Neue springen. Wir fangen euch auf.

Heilung

Heilung durch Seelenverträge

Wir haben euch jetzt die Wichtigkeit der Seelenverträge aufgezeigt. Der Segen, das Potenzial der Gnade, die ihnen innewohnt. Schaut sie euch an. Schaut hinter die Dinge. Die Erscheinungen in der Dualität sind nicht die der Wirklichkeit. Die Wirklichkeit dahinter sieht anders aus. Nichts in der Dualität ist so, wie es scheint. Nichts! Die Dinge dahinter sind ganz anders. Hinter all euren Erfahrungen liegt ein Ziel: die Heilung eurer Schmerzen und Traumata. Alle Seelen, die diese Zeilen lesen, haben für diese Inkarnation die komplette Heilung beschlossen. Es bedeutet die Auflösung aller Ängste und Traumen aus vergangenen Leben. Es bedeutet Läuterungsprozesse, ein Leben befreit vom Ego. Das Ego wird in der Dualität immer euer Begleiter sein.

Aber durch den Heilungs- und Läuterungsprozess durchschaut ihr die Egospiele und könnt das Ego auf seinen Platz verweisen. So kann es euch nicht mehr von dem abhalten, was ihr seid: erwachte Menschen auf Erden. Göttlich erwachte Menschen auf Erden, die ihre Schöpferkraft leben, die in Harmonie mit dem höchsten göttlichen Plan auf Erden sind. Menschen, die im Hier und Jetzt sind.

Darum seid euch bewusst, dass euch diese Inkarnation die komplette Heilung ermöglicht, denn ihr selbst habt es so festgelegt. Die Geistige Welt weiß, dass es kein einfacher Prozess ist. Deswegen fließt jetzt auch so viel Gnadenenergie auf die Erde. Ihr sollt es einfacher haben, denn ihr könnt nicht mehr durch jahrelange Prozesse hindurchgehen. Das soll euch jetzt abgenommen werden. Ihr selbst habt darum gebeten. Viele von euch haben beschlossen, den vorgeschriebenen Weg zu verlassen und die Abkürzung zu nehmen. Deshalb wurde unter anderem auch dieses Buch vorangetrieben und schneller als durch das Medium geplant durchgegeben.

Dieses geschah alles in Absprache mit euch. Jede Zeile in diesem Buch ist stark energetisiert und wird mit euch arbeiten. Es arbeitet mit eurem Herzen und spricht eure Seele an und ist wie ein Balsam für eure Seele. Darüber hinaus soll es helfen, wieder mit dem, was ihr ins »Goldene Buch des Lebens« geschrieben habt, in Kontakt zu treten.

Es soll euch helfen, zu heilen. Heilung kann nur mit einem geöffneten Herzen erfolgen. Fragt nicht mit eurem Verstand, wie alles möglich ist. Mit diesem Buch geben wir euch Antworten auf die Fragen, die euer Herz quälen. Wir wissen um eure Sorgen und Nöte. Wir wissen, was euch bewegt. Wir wissen um den Strudel der Dualität, um die Schwere des Schleiers des Vergessens. Während des Lesens könnt ihr diesen Schleier lüften und erhaltet einen Blick hinter ihn. Ermöglicht es uns, euch zu helfen, hinter die Erscheinungen der Dualität zu schauen. Wir können es gar nicht oft genug wiederholen: Wir wollen euer Herz erreichen. Mag zwischendurch euer Verstand rebellieren, euer Herz tut es nicht. Euer Herz kann sich öffnen.

Es öffnet sich. Wir wissen, dass während des Lesens dieser Zeilen Tränen fließen werden. Und es ist gut so. Dann können wir, während die Tränen fließen, mit euch arbeiten. Es ist Zeit, denn eure Seelen schreien auf. Ihr seid der Einsamkeit müde, die ihr oft spürt, des Mühsals, der zunehmenden Beschwerlichkeit, weil ihr auf euren Weg gebracht werden sollt. Ihr sollt aber nicht steckenbleiben, denn diese Prozesse werden nicht mehr lange dauern. Ihr sollt schneller auf den Weg gebracht werden.

Darum öffnet euer Herz während des Lesens, erkennt, schaut es euch an und gebt ab in die Hände Gottes und der Geistigen Welt. Gebt ab und öffnet euer Herz für die Heilung.

Begebt euch mit uns auf eine Reise. Reist in den Ort in eurem Herzen, in dem ihr Ruhe und Raum findet, in dem die Stille ist, in dem ihr Gott findet. Besucht diesen Ort, den Ort eurer Göttlichkeit.

Tretet in Kontakt mit dem goldenen Engel in euch, eurem Höheren Selbst.

Der Anteil in euch, der immer war, ist und sein wird. Reist an den Ort eurer Unsterblichkeit. Erkennt euch. Erkennt eure Göttlichkeit. Schaut euch an.

Schaut in euer Antlitz. Erkennt eure Schönheit. Erkennt euch.

Hier sind alle Antworten. Befragt den goldenen Engel in euch, was ihr ins Goldene Buch des Lebens geschrieben habt. Fragt.

Lauscht den Antworten, die ihr erhaltet. Schaut euch eure Wünsche und Sehnsüchte an, die jetzt auftauchen. Sie sind wahr. Nehmt sie ernst. Nehmt eure Sehnsüchte und Wünsche ernst. Es sind Hinweise für euren Weg.

Schaltet den Verstand und das Ego komplett aus. Schaut sie euch an. Diese Wünsche und Sehnsüchte sind das, was sich eure Seele vorgenommen hat, in diesem Leben zu verwirklichen. Schreibt sie auf. Es kann sein, dass sich jetzt noch kein komplettes Bild zeigt, aber es wird nach und nach ergänzt. Mosaikstein für Mosaikstein wird hinzugefügt, und eines Tages habt ihr ein Gesamtbild, und die einzelnen Steine ergeben einen Sinn.

Schaut euch an, was alles an Gedanken auftaucht. Und – erinnert ihr euch? Ist nicht einiges schon einmal in eurem Leben aufgetaucht, und ihr habt es aus Vernunftgründen, oder weil euch abgeraten wurde, zur Seite geschoben?

Kommt euch nicht manches sehr vertraut vor? Schaut euch an: Was macht ihr in eurem Leben besonders gern? Was geht euch mühelos von der Hand?

Bedankt euch bei eurem goldenen Engel. Ihr könnt jederzeit dorthin zurück und um Rat fragen. Es ist ein Ort, der euch immer offensteht. Wir wissen, wer diese Zeilen liest. Wir wissen es.

Unterschiedliche Formen der Heilung

Was ist mit den Menschen, die nicht nur an seelischen Schmerzen und Ängsten leiden, sondern sich Traumata, die durch schwere Krankheiten entstanden sind, anschauen müssen?

Auch bei diesen Seelen ist es so, dass sie sich die Krankheit, bevor sie inkarnierten, ausgesucht haben. Es sind besonders große Herausforderungen, die teilweise im Angesicht des Todes stattfinden. Die Seele wird durch die Krankheit »aufgefordert«, sich ihren Ängsten und Traumata zu stellen. Es geht darum zu erkennen, wer man ist.

Ein Mensch mit einer lebensbedrohlichen Krankheit – da verändert sich alles. Das Leben wird von einem ganz anderen Blickwinkel aus betrachtet.

Auch nach Heilung der Krankheit (grundsätzlich kann jede Krankheit geheilt werden, soweit die Seele es festgelegt hat) wird das Leben nie wieder dasselbe sein wie vorher.

Ein Mensch in der Dualität, der kurz davor war, sein Leben zu verlieren, wird nach Überwindung einer schweren Krankheit dem Ruf seiner Seele folgen, denn er kann nicht anders. Jeder, der längere Zeit ans Bett gefesselt war, einen Unfall oder einen Herzinfarkt erlitt, wird nach dieser Krankheit ein anderes Leben führen. Fällt diese Seele wieder in alte Muster zurück und hat nur halbherzig einen Richtungswechsel vorgenommen, wird sie in der Regel durch das Auftreten einer neuen oder das Aufbrechen der alten Krankheit wieder »aufgefordert«, die notwendigen Korrekturen in ihrem Leben vorzunehmen.

All die hier aufgeführten Ängste können sich auch in Form körperlicher Beschwerden bemerkbar machen. Es ist immer so, wie ihr es als Seele festgelegt habt. Ihr habt euch aber auch den Schlüssel für eure Heilung mit auf den Weg gegeben.

Wir wissen, wer diese Zeilen liest. Wir wissen, wer von euch die Herausforderung hat, sich seine Ängste und Traumata der vergangenen Inkarnationen über eine körperliche Krankheit anzuschauen. Diese Ängste zu erkennen – das ist der Schlüssel für eure Gesundung. Ihr müsst besonders geduldig sein, weil der Körper immer etwas länger braucht als der Geist. Euer Körper braucht die Zeit, um sich, nachdem ihr eure Ängste angeschaut habt und es keinen Grund mehr gibt, euch mit Hilfe der Krankheit darauf aufmerksam zu machen, wieder komplett neu auszurichten und zu erneuern. Darum geht sehr liebevoll mit euch um, denn euer Körper braucht seine Zeit.

Wir wissen, wer diese Zeilen liest. Wir wissen um euren Schmerz, eure Ängste und eure Nöte. Und wir bitten euch:

Unternehmt mit uns eine Reise. Es geht jetzt um euren Körper, um jede einzelne Zelle. Jede Zelle trägt ein eigenes Bewusstsein.

Und es sind alle Zellen miteinander verbunden. Schmerzt euch der Zeh, spürt es der ganze Körper, und die Linderung dieses Schmerzes kann nur mit Hilfe des ganzen Körpers erfolgen. Darum unternehmt mit uns eine Reise in euren Körper zu euren Zellen.

> *Sendet goldenes und weißes Licht zu jeder einzelnen Zelle. Durchflutet eure Zellen mit dem goldweißen Christusstrahl und lasst sie sanft von dieser Energie durchrieseln. Bedankt euch. Sprecht zu euren Zellen. Programmiert sie um. Sendet ihnen Gedanken von Wohlbefinden und Gesundheit und durchströmt sie weiterhin mit dem gold-weißen Christusstrahl. Wiederholt es jeden Tag. Wie gesagt, euer Körper braucht viel Zuwendung und Zeit, um sich von den Strapazen der Krankheit zu erholen. Deswegen lasst eure Zellen immer wieder mit Licht durchströmen. Das beschleunigt den Heilungsprozess des Körpers. Auch wenn Ängste transformiert worden sind, der Körper braucht immer etwas länger.*
>
> *Stellt euch einen Vollmond vor, der in goldenes Licht getaucht ist. Um den Vollmond ist ein rot-goldener*

Ring. Es ist das Symbol für die Energie von Shambala.

Visualisiert dieses Symbol und bittet Erzengel Michael, dass er euch in die neue Shambala-Energie führen möge. Es ist die Heilungsenergie der Neuen Zeit.

Es ist eine sehr wirksame und sanfte Energie, die euren Körper sanft und angenehm durchrieselt und eure Zellen erfrischt und erneuert. Bittet immer wieder um diese Energie, wenn ihr euch müde fühlt. Am besten jeden Morgen, damit ihr den Tag mit dieser wunderschönen Energie der Neuen Zeit beginnen könnt.

Seid geduldig und geht liebevoll mit euch um. Wir wissen, wer diese Zeilen liest und was in euren Verträgen steht. Ihr habt euch vorgenommen, euch über die Krankheit wiederzufinden. Ihr geht durch die Krankheit den Weg des Erwachens.

An alle, die durch eine schwere Krankheit den Partner, Familienangehörige oder Freunde verloren haben:

Wir wissen, es ist ein schwacher Trost, weil ihr in der Dualität Menschen seid, die auf der emotionalen Ebene leiden, wenn sie einen nahestehenden Menschen durch eine schwere Krankheit begleitet haben, um ihn dann zu verlieren (aus der Sicht der Dualität). Wir wollen euch erklären, dass es mehrere

Heilungsmöglichkeiten gibt, auch wenn es aus eurer Sicht schwer zu verstehen ist. Die andere Form der Heilung erfolgt durch den Tod. Wir wissen, es ist für euch schwer zu verstehen.

Aber diese Seele hat die Heilung über den Tod festgelegt, auch in Absprache mit euch. Sie hat ihren Läuterungsprozess über den Tod erfahren, und damit Heilung.

Versteht – es ist immer so, wie die Seele es für sich festlegt, und immer in Absprache mit euch.

Wir wissen, wer diese Zeilen liest. Wir wissen, wer einen geliebten Menschen lange Zeit durch eine schwere Krankheit begleitet hat und sich immer wieder die Frage stellt: Warum? Es gab zwischendurch so viel Hoffnung – warum? Wir wissen, wer diese Zeilen liest, und wir bitten euch: Öffnet euer Herz. Spürt die Gnadenenergie.

Seht das Geschenk in diesem Erleben. Richtet euren Fokus weg von der Dualität und auf die Wirklichkeit.

Wir wissen, wer diese Zeilen liest.

Eintritt der Heilung in euer Leben

Ihr habt eure Lebensmuster erkannt. Die Heilungsenergie wird euch durchströmen, und damit alle Bereiche eures Lebens. Alle Bereiche!

Euer Leben wird sich gänzlich verändern. Ihr werdet ein vollkommen anderes Leben führen. Habt ihr die Läuterungsprozesse hinter euch, eure Egospiele und die eures Umfeldes erkannt, angeschaut und an euch gearbeitet, kann nach und nach die Heilungsenergie alle Bereiche eures Lebens erfassen. Euer Körper, Beziehungen zu anderen Menschen, eure Finanzen – alles verändert sich.

Wie bereits erwähnt, ist der Prozess des Alterns eine Illusion, ein Spiel der Dualität. In der Wirklichkeit gibt es das nicht. Ihr wusstet es auch. In den Goldenen Zeitaltern von Lemurien und Atlantis konntet ihr Hunderte von Jahren im selben Körper bleiben und hattet die Fähigkeit und das Wissen, ihn immer wieder zu verjüngen. Ihr hattet sogenannte Verjüngungstempel, in denen ihr eure Körper wieder erfrischen und auftanken konntet. Und euer Unterbewusstsein war so programmiert, dass es keinen Alterungsprozess gab. Dieses Wissen kehrt jetzt wieder zurück.

Ihr könnt euren Körper verjüngen. Ihr könnt mit ihm sehr alt werden und immer jung aussehen. So, wie ihr euch wohlfühlt. Es ist möglich. Und wenn ihr in euch spürt, dann wisst ihr es. Mit dem vollkommenen Heilungsprozess werdet ihr euch automatisch verjüngen beziehungsweise nicht mehr altern. Bedenkt, wir gehen in ein Neues Zeitalter. Es handelt sich um die Inkarnation, in der alles aufgelöst werden soll, in der sich eure Seele die vollkommene Heilung vorgenommen hat. Und so wird es sein.

Jede Form körperlicher Beschwerden wird nach und nach aus eurem Leben verschwinden, ihr müsst allerdings etwas Geduld mit eurem Körper haben, denn mit euren seelischen Reinigungsprozessen wird sich parallel der Körper reinigen. Es hat den Anschein, als würden sich eure Beschwerden verschlimmern, aber es sind Loslösungs- und Reinigungsprozesse des Körpers. Nehmt sie an. Lasst es zu, wenn euch eine Erkältungskrankheit aufsucht. Der Körper möchte sich reinigen und ausruhen.

Auch die Reinigungsprozesse auf körperlicher Ebene sind von euch Seelen festgelegt worden. Manche leiden immer wieder unter Grippe, andere an Hautausschlägen, wieder andere bekommen einen nervösen Magen. Ihr müsst bedenken, dass sich eure Zellen komplett erneuern und umprogrammieren.

Die alten Muster und Strukturen müssen auch aus eurem Körper heraus, schließlich habt ihr alles in den

Zellen gespeichert. Jedes Mal, wenn ihr eine Angst, ein Denkmuster aufgelöst habt, findet eine Schwingungserhöhung statt, was eine enorme Kraftanstrengung für den Körper ist. Deshalb geht achtsam mit euch um.

Wenn ihr müde seid – schlaft, wenn ihr hungrig seid – esst. Der Körper braucht während dieser Prozesse viel Aufmerksamkeit. Pflegt ihn, verwöhnt ihn mit schönen Düften und Ölen. Er wird euch wahrscheinlich andere Bedürfnisse signalisieren als sonst. Achtet darauf. Führt ihm echte Nahrung zu, keine Fertigprodukte! Ihr könnt alles essen, doch meidet zuviel Weißmehl und Fertigprodukte. Solltet ihr Fleisch essen, dann achtet darauf, dass es nicht aus Massentierhaltung stammt und dass das Tier, das euch die Nahrung spendet, in Würde und Liebe gehalten wurde. Wenn ihr Fleisch esst, dann segnet es und bedankt euch bei der Seele des Tieres. Damit bewirkt ihr so viel Gutes.

Im Laufe der Zeit wird die Menschheit immer weniger Fleisch essen. Doch so lange ihr es braucht, achtet bitte darauf, dass die Nachfrage nach »Billigfleisch« nicht mehr gefördert wird.

Mit dem Einzug der Heilung in euer Leben werdet ihr auch feststellen, dass ihr bald kein Übergewicht mehr habt, sondern nach und nach euer »Wohlfühlgewicht« erreicht, wie auch immer dieses für euch aussehen mag. Der Körper ist so in Harmonie und Balance, dass ihr nur noch das zu euch nehmt, was euch guttut. Wir geben euch keine Ernährungsvorschriften, da ihr auch bezüglich eurer Ernährung sehr individuell seid.

Allgemein wird jede Art körperlicher Beschwerden nach und nach aus eurem Leben schwinden, da diese euch darauf aufmerksam machen wollen, dass ihr euch in einem Ungleichgewicht befindet.

So, wie Harmonie und Heilung in euer Leben einziehen, wird sich auch euer Umfeld harmonisieren und euch den Spiegel der Harmonie vorhalten, sowohl in der Partnerschaft, im Freundes- und Familienkreis als auch im Berufsleben.

Eure Finanzen werden geheilt. Geld ist Energie. Es ist der Energieausgleich der heutigen Zeit. Seid ihr wieder im »Fluss«, kann auch wieder Geld zu euch fließen. Ein göttlich erwachter Mensch auf Erden kennt keine Existenzängste, er ist im Fluss. Dementsprechend fließt ihm alles zu, was er braucht. Er hat gelernt loszulassen und kann folglich auch empfangen. Wer versucht festzuhalten, wird verlieren. Eine Hand, die festhält, kann sich nicht öffnen, um zu empfangen.

Wir wissen, wer diese Zeilen liest. Wir wissen es. So öffnet euer Herz für die Heilungsenergie, die alle Bereiche eures Lebens durchströmt. Das ist die Belohnung, die ihr als Seele für euch bereithaltet. Nach den Läuterungsprozessen kann die Heilungsenergie euer ganzes Leben durchströmen, und ihr könnt endlich ein harmonisches Leben in allen Bereichen leben.

Sehnsucht der Seele

Suchen und Sehnen der Seele

Jeder von euch kennt sie: die Sehnsucht. Oft wisst ihr gar nicht, wonach. Eure Seele sehnt sich, ist auf der Suche. Ihr könnt nicht stehen bleiben. Es scheint, als würde euch eine Kraft vorantreiben. Ihr kommt nicht zur Ruhe. Manche fangen das Reisen an, andere stürzen sich von einer Beziehung in die nächste, nur um festzustellen, dass, sobald der Alltag eingekehrt ist, sie auch dort keine Ruhe finden. Sie wissen nicht, was los ist. Es ist wie eine Leere, die durch nichts aufzufüllen ist. Sie finden keinen Frieden.

Diese Sehnsucht ist es, was euch vorantreibt. Es ist die Kraft, die euren Weg beginnen lässt, als Suchende, und euch hinführt zu einem sehenden, wissenden Menschen. Das Wort Sehnsucht beinhaltet das Wort Sucht. Das Sehnen, es wird zu einer Sucht. Ihr könnt euch nicht davon befreien. Sie holt euch immer wieder ein.

Und so ist es gut. Es geht um euch. Eure Seele sehnt sich danach, sich wieder in der Dualität zu erkennen. Es ist die Suche nach dem eigenen Ich, das Sehnen und die Sucht nach der Wirklichkeit. Das steckt hinter eurer Sehnsucht.

Die Suche nach Gott in euch. Die Suche nach der Wirklichkeit. Manche reisen um die ganze Welt, um herauszufinden, dass die Erfüllung der Sehnsucht in jedem selbst liegt. Der verborgene Schatz, das Mysterium, liegt in euch selbst. Es ist alles vorhanden. Die Seele möchte sich erfahren in dieser Inkarnation als Mensch, mit all seinen Talenten und seinem ganzen Potenzial. Ohne die Sehnsucht würde er sich quasi nicht von der Stelle bewegen. Deshalb habt ihr es auch alle in euren Seelenplan mit eingebaut. Es ist die Kraft, die euch vorwärtsbringt. Darum hört hinein, lasst euch führen. Es ist die Verbindung zu dem Goldenen Buch des Lebens. Die Sehnsucht führt euch zu euren inneren Bildern und Visionen. Lauscht: Was ist es? Was will sie euch zeigen? Wohin möchte sie euch führen? Wohin?

Lauft nicht davon, schiebt sie nicht zur Seite. Die Sehnsucht ist ein wertvoller Wegweiser. Nehmt sie ernst. Nehmt sie sehr ernst. Sie ist der Weckruf eurer Seele.

Weckruf der Seele – Visionen und Wünsche

Jede Seele wünscht sich, ihren bestimmten Platz zu finden. Die Sehnsucht führt euch zu dem Platz, den eure Seele in dieser Inkarnation für euch vorgesehen hat. Ihr kennt die Abläufe. In der Regel wachst ihr bei euren Eltern auf, besucht die Schule, und ab einem bestimmten Alter spürt ihr die Sehnsucht, auf eigenen Beinen zu stehen. Es ist für euch ein großes Abenteuer, wenn ihr von zu Hause auszieht. Alles ist neu. Zum ersten Mal auf eigenen Beinen stehen. Vielleicht zieht ihr auch schon bald mit einem Partner zusammen. Immer so, wie ihr es für euch festgelegt habt. Ihr fangt immer wieder an, euren Wünschen zu folgen.

Einiges geht in Erfüllung, manches kommt ganz anders, als ihr es euch vorgestellt habt.

Manchmal müsst ihr einen kompletten Richtungswechsel vornehmen. Habt ihr als Kind die Geborgenheit von zu Hause gespürt, seid ihr ab einem bestimmten Punkt Suchende nach einem Zuhause, Suchende nach eurer Heimat. Letztendlich sucht ihr die Geborgenheit, die ihr als Kind erfahren durftet. Auch wenn eure Kindheit noch so beschwerlich und schon voller Prüfungen war – ihr hattet doch so etwas wie Geborgenheit, und in eurer Sehnsucht liegt das Erfahren dieser Geborgenheit, die ihr jedoch nur in euch selbst finden könnt. Ihr werdet nirgendwo sesshaft, wenn ihr diese Geborgenheit nicht in euch gefunden habt. Ja, darum geht es. Kein Mensch dieser Welt kann die Leere in euch ausfüllen. Das könnt nur ihr – im Erkennen dessen, was ihr seid. Aus diesem Grund müsst ihr eines Tages die Geborgenheit eurer Kindheit verlassen, um sie in euch zu finden.

Viele Seelen hungern geradezu nach der Liebe. Sie suchen sie im Außen und erwarten, dass der Partner ihnen die Erfüllung des Lebens bringt. Wie soll er das können, wenn ihr euch noch nicht selbst gefunden habt? Niemand, kein noch so geliebter Mensch, kann die Leere, die ihr spürt, oder euer Sehnen erfüllen, ihr müsst euch erst selbst gefunden haben. Ihr müsst selbst in der Liebe sein. Ihr müsst euch selbst achten. Ihr müsst euch selbst erkannt haben. Ihr müsst durch das Leben eurer eigenen Wahrhaftigkeit die Erfüllung finden, dann könnt ihr auch eine erfüllte Partnerschaft leben – weil ihr nichts vom Partner fordert. Euren Partner liebt ihr um seinetwillen, aber nicht, weil er eine Leere in euch ausfüllen soll.

Ihr seid vollkommen bei euch. Ihr seid autark. Ihr wisst, wer ihr seid. Ihr geht euren eigenen selbstbestimmten Weg. Ihr lebt eure eigene Wahrhaftigkeit.

Wenn ihr das geschafft habt, dann habt ihr die Sehnsucht eurer Seele erfüllt, denn das ist der Weg. Und der Weg endet nie. Er hört nie auf. Ihr hört nie auf, euch zu erfahren, weil ihr lebt. Weil ihr unsterblich seid. Weil ihr die Evolution seid. Weil ihr seid.

Wir wissen, wer diese Zeilen liest. Wir wissen es. Folgt dem Sehnen eurer Seele, denn sie bringt euch die Wahrhaftigkeit. Folgt dem Sehnen eurer Seele, denn sie bringt euch die Geborgenheit. Folgt dem Sehnen eurer Seele, denn sie führt euch nach Hause. Ihr seid zu Hause, wenn ihr die Wirklichkeit lebt. Darum öffnet euer Herz für das Leben eurer Wahrhaftigkeit. Öffnet euer Herz. Wir können es nicht oft genug wiederholen.

Der Weg

Habt ihr euch entschieden, dem Ruf eurer Seele und bewusst euren Visionen zu folgen, fangen die Läuterungsprozesse an, wie bereits beschrieben.

Wir rufen euch auf: Bleibt auf eurem Weg. Denkt an das Beispiel des Hauses, das ihr renovieren wollt. Baustellen sehen nie schön aus. Nach und nach wird sich euer Leben verändern. Es wird anders »funktionieren«, weil ihr jetzt die Wirklichkeit in euer Leben einziehen lasst und mit der Geistigen Welt zusammenarbeitet. Dabei werdet ihr feststellen, dass in eurem Leben erst einmal aufgeräumt wird. Und die Visionen werden nach den Gesetzmäßigkeiten der Geistigen Welt und damit der Wirklichkeit in Erfüllung gehen, nicht nach den Gesetzmäßigkeiten der Dualität. Das heißt – es kommt zu Überraschungen.

Ihr müsst vertrauen. In der Wirklichkeit gibt es keine Zeit und kein lineares Denken.

Ihr wollt aber eure Visionen nach eurem linearen Denken umsetzen. Es ist in Ordnung so, weil ihr in der Dualität lebt. Nach und nach werdet ihr mit einer linearen Denkweise an die Umsetzung gehen. Das heißt, ihr habt eine Liste mit Punkt A, B, C, die ihr auch in dieser Reihenfolge umsetzen wollt. Die

Geistige Welt, die euch bei der Umsetzung hilft, hat aber nicht dieses lineare Denken, also kommt es zu Überraschungen. Ihr habt Punkt A geplant, und es erscheint plötzlich schon Punkt B, obwohl A noch gar nicht umgesetzt worden ist. Und es kommt noch ein Punkt D hinzu, den ihr überhaupt nicht eingeplant hattet. Ihr fühlt euch, als ob eure Pläne über den Haufen geworfen worden wären. Das hängt damit zusammen, dass die Geistige Welt den Gesamtüberblick hat und nicht dieses lineare Denken.

Diese »Überraschungen« sollen dafür sorgen, dass euer lineares Denken durchbrochen wird. Ihr werdet feststellen, dass eure Vision, euer Weg, noch viel mehr für euch bereithält. Plötzlich könnt ihr Wünsche verwirklichen, die ihr vielleicht als Kind hattet und die total in Vergessenheit geraten sind. Nicht jedoch für die Geistige Welt und euer Höheres Selbst, die um euren kompletten Seelenplan wissen. Deshalb, auch wenn ihr eine Vision entworfen habt, bleibt flexibel. Seid offen für sogenannte »Planänderungen«. Bleibt im Vertrauen, wenn zuerst einige Türen zugeschlagen werden, das ist alles gesteuert. Es sollen sich nur die Türen für euch öffnen, die wirklich gut für euch sind.

Es unterliegt alles der göttlichen Führung. Geht mit. Bleibt im Vertrauen. Lasst euch führen. Achtet auf die Menschen, die zu euch geführt werden. Wenn ihr den Impuls erhaltet, zu einer bestimmten Veranstaltung zu gehen – geht hin. Wenn ihr den Impuls verspürt, zu einer lang zugesagten Party nicht hinzugehen – sagt ab. Fühlt ihr euch in einer Gesellschaft gelangweilt und wollt eigentlich eure Ruhe haben – dann geht.

Es ist wichtig für euch, immer wieder hineinzuhören, was euch guttut und was nicht.

Es ist wichtig, euren Impulsen zu folgen und euch keinen selbst auferlegten Zwängen mehr auszusetzen. Es ist wichtig, um die Führung der Geistigen Welt zu erspüren.

Denn wir führen euch. Wir wollen, wenn ihr euren Weg geht und euch unserer Führung anvertraut, dass kein Schritt umsonst ist. Wir wollen, wenn ihr euren Weg geht, dass ihr nur noch mit den Menschen zusammentrefft, die euch guttun, die für euren Weg und euer Wohlbefinden wichtig sind. Und wir wollen, dass ihr uns vertraut. Vertraut unserer Führung. Wir wissen, dass manchmal wieder Ängste kommen, wir wissen, dass immer wieder Zweifel kommen. Wir wissen es. Es ist in Ordnung so – ihr lebt nun einmal in der Dualität. Lasst auch diese Emotionen zu, damit sie wieder gehen können. Vertraut unserer Führung. Wir wissen, dass für euch manchmal einiges anders kommt, als ihr dachtet. Doch hinter diesen Erscheinungen liegt immer wieder ein versteckter Segen. Diesen werdet ihr später erkennen. Darum lasst euch führen und vertraut.

Öffnet euer Herz für die Führung Gottes und der Geistigen Welt. Öffnet euer Herz für die Liebe Gottes und der Geistigen Welt. Öffnet euer Herz und vertraut.

VERTRAUT! Wir wissen, wer diese Zeilen liest. Wir wissen es. Wir wissen um eure Fragen. Wir kennen sie. Wir wissen um eure Sorgen und Ängste. Wir wissen es.

Wir wissen um jeden von euch. Wir können jeden beim Namen nennen.

So viele Leben. So viele Inkarnationen. So viele große alte Seelen. Seelen aus Lemurien und Atlantis. Dieses Mal geht ihr nicht auf einen Untergang zu. Dieses Mal geht es in eine Neugeburt – in das Goldene Zeitalter, in der die komplette Menschheit erwacht. Der Schleier des Vergessens wird gelüftet.

Die Wirklichkeit zieht ein. Es ist. Es ist. Es ist. Ihr seid so gesegnet – jeder Einzelne von euch. Ohne euch wäre es nicht möglich. Deswegen vertraut. VERTRAUT!

Das Wunder

Das Wunder des Seins

Erfasst das Wunder eurer Existenz. Erfasst dieses Wunder. Nichts ist Zufall. Kein Grashalm, kein Staubkorn. Erfasst dieses Wunder eures Seins. Erfasst, wie alles miteinander verbunden ist. Wir sprechen nicht zu eurem Verstand, wir sprechen zu eurem Herzen. Wir rufen: Erinnert euch. Erinnert euch. Ihr seid das Wunder. Ihr seid die Schöpfer. Ihr habt es so festgelegt. Ihr habt beschlossen, dass der göttlich erwachte Mensch auf Erden kommen kann.

Ihr seid so gefeiert. Als ihr in diese Inkarnation gegangen seid, hattet ihr alle eine Wahlmöglichkeit: den Untergang des Planeten oder die Rückkehr des erwachten Menschen auf Erden. Ihr seid mit dieser Wahlmöglichkeit inkarniert. Ihr habt all das auf euch genommen. Und ihr habt euch entschieden: Es wird eintreten. Es wird keinen Untergang geben. Der Planet Erde, Lady Gaia, wird die vollkommene Heilung erfahren, so, wie ihr sie erfahrt, und wird kontinuierlich die Schwingung erheben, so, wie ihr kontinuierlich eure Schwingung anhebt. Freut euch, ihr lebt auf einem strahlenden Planeten von unglaublicher

Schönheit – der Blaue Planet. Ein Juwel unter den Planeten. Und glaubt uns – es gibt viele wunderschöne Planeten, aber dieser ist von einer besonders erhabenen Schönheit.

Betrachtet dieses Wunder, betrachtet euch: Ihr seid, ihr seid. Ihr habt ein Bewusstsein, ihr habt so viele Fähigkeiten – entdeckte und noch unentdeckte.

Und ihr seid Schöpfer. Ihr seid Schöpfer. Ihr habt, bedingt durch den Schleier des Vergessens, den Planeten Erde krank gemacht, ihr seid erkrankt. Ihr wolltet diese Erfahrung machen, abgeschnitten von der Göttlichen Quelle. Und genauso werdet ihr heilen, wird Lady Gaia heilen, und als göttlich erwachter Mensch leben, der keinen Hass empfinden kann, der gar nicht in der Lage ist, Kriege zu führen, der dem anderen nichts neidet, der in der Fülle und in der Liebe lebt. Ja, was meint ihr, was für einen Planeten ihr dann habt?

Auch wenn es nicht so aussieht – aber auch euer Planet wird komplett heilen. Das Gleichgewicht wird wieder vollständig hergestellt. Doch genauso wie ihr muss sich Lady Gaia reinigen. Sie ist wie ihr ein göttliches Wesen, hat ein Bewusstsein und durchläuft Reinigungsprozesse. Darum ist euer Planet auch so in Unruhe. Lady Gaia tut es weh, wenn durch ihre Reinigungsprozesse Menschen ihr Leben und ihr Zuhause verlieren. Für euch schwer verständlich – aber auch hier handelt es sich um Seelenverträge. Ihr müsst bedenken, jeder Gedanke, der in Hass, Zorn und Missgunst gedacht wurde, jedes Leid auf Erden hat sich in Lady Gaia gespeichert – und sie muss sich jetzt davon befreien. Darum: Jeder, der sich heilt, befreit auch Lady Gaia. Denn durch euren Heilungsprozess löst ihr im Nachhinein jeden Gedanken des Hasses, des Zorns und der Missgunst, den ihr in irgendeinem Leben gehegt habt, auf, und Lady Gaia muss das nicht tun. Versteht ihr?

Je mehr Menschen jetzt an sich arbeiten, desto ruhiger kann Lady Gaia werden. Damit leistet ihr einen Beitrag, dass Erdbeben, Vulkanausbrüche, Überflutungen, Wirbelstürme weniger heftig ausfallen. Versteht ihr, wie wichtig es ist, dass ihr euren Weg geht, euch heilt? Ihr tut es nicht nur für euch – ihr tut es für Lady Gaia. Ihr tut es für die Menschheit und für das ganze Universum. Seht ihr, wie wertvoll, wie groß, wie wichtig ihr für das gesamte Geschehen seid? Seht ihr es?

Es ist kein Zufall, dass ihr euch jetzt auf Erden inkarniert habt. Es ist kein Zufall.

Ihr seid die uralten Seelen aus Lemurien, aus Atlantis. Ihr seid mit einem unermesslichen Wissen und Fähigkeiten ausgestattet. Ihr müsst euch nur erinnern.

Ihr müsst euch erinnern. Wir helfen euch dabei und unterstützen, wo es geht. Deswegen verzeiht, wenn wir euch manchmal in heftige Prozesse führen.

Aber das sind die Momente, in denen ihr euch zu sehr vom Ego leiten lasst, und wir müssen euch dann da rausholen. Wir müssen es euch spüren lassen, wenn ihr einen falschen Weg einschlagt. So ist es vereinbart. Ihr werdet alle gebraucht. Jeder Einzelne von euch. Jeder Einzelne von euch – ohne dich wäre die Welt ärmer.

Wir wissen, wer diese Zeilen liest. Wir wissen es, und wir ehren euch. Wir ehren dich.

Das Wunder der Liebe

Erfasst das Wunder der Liebe. So richtig erfahren könnt ihr es erst, wenn ihr die vollkommene Heilung erfahren habt. Ein geheilter Mensch fordert nicht von anderen, er kritisiert andere nicht, denn er weiß, er muss nur an sich arbeiten. Arbeitet er an sich, heilt er auch gleichzeitig sein Umfeld. Ein erwachter und geheilter Mensch sieht sein Umfeld als Spiegel seiner selbst. Gefällt ihm dieser Spiegel nicht, nimmt er die Korrekturen an sich selbst vor. Er befindet sich in einem Zustand der allumfassenden, göttlichen, bedingungslosen Liebe. Sie ist anders als die noch häufig gelebte bedingte Liebe. Es ist eine andere Form der Liebe. Diese Liebe ist still. Sie ist. Sie ist leise und die stärkste Kraft des Universums. Diese Liebe ist immer da und gibt, ohne zu fordern. Sie freut sich, wenn sie geben kann, und sie kann empfangen.

Diese Liebe braucht kein großes Auftreten, sie ist weise. Sie weiß um die Dinge.

Sie schaut, erkennt und reagiert immer richtig. Sie erkennt die Dinge so, wie sie sind. Sie ist frei von Egospielen. Man muss sich dieser Liebe nicht erklären, denn sie ist. Sie ist. Sie braucht keine Worte. Denn sie weiß, und sie schaut hinter die Dinge. Um sie muss man nicht kämpfen, denn sie war immer da und wird nie gehen. Und sie hat nur einen Wunsch: Nehmt sie an und seid diese Liebe.

Wir wissen, wer diese Zeilen liest. Wir wissen es. Wir bitten euch: Öffnet euer Herz und empfangt diese allumfassende göttliche Liebe.

Wir wissen, wer diese Zeilen liest. Wir wissen es. Wir wissen, wer du bist.

Leben in Freiheit und Selbstbestimmung – Der göttliche Mensch auf Erden

Rückgewinnung der eigenen Macht

Wir haben euch gezeigt, wie ihr eure Macht zurückgewinnen könnt. Ihr müsst erkennen. Ihr seid nicht machtlos irgendeiner Situation ausgeliefert. Schaut sie euch an, dann verändert ihr euer Umfeld. Manche Seelenverträge beinhalten – extrem sichtbar in Partnerschaften –, dass ihr euch heilen müsst, damit euer Gegenüber die Heilung erfährt. Es ist so vereinbart. Darum schaut nur auf euch. Das ist das Geheimnis, das hinter einem Leben in Freiheit und Selbstbestimmung steht.

Ihr müsst nicht laut auftreten. Sachte. Ganz sachte und kontinuierlich euch und euer Umfeld beobachten, und wenn euch das Ergebnis nicht gefällt, dann schaut dahinter.

Es wird euch leichterfallen, hinter die Dinge zu schauen, und ihr werdet feststellen, dass ihr immer besser die Egospiele durchschauen könnt. Ihr seid immer mehr im Vertrauen, denn ihr habt beschlossen, mit der Geistigen Welt zusammenzuarbeiten.

Euer Leben wird sich verändern. Es läuft nicht mehr so, wie gewohnt, weil die Wirklichkeit in eurem dualen Leben Einzug hält. Und ihr habt immer die Wahl.

Ihr könnt einsteigen in die Egospiele, ihr könnt aber auch jederzeit aussteigen. Ihr könnt unterscheiden. Aber ihr seid dem Ganzem nicht mehr ausgeliefert, sondern ihr könnt steuern. Natürlich könnt ihr in der Dualität nicht komplett frei von Egospielen sein, aber ihr werdet es immer wieder merken.

Es ist in Ordnung. Uns geht es nur darum, dass ihr es erkennt und wieder aussteigen könnt. Darum geht es. Und wenn ihr richtig einsteigen wollt – dann steigt ein.

Die Dualität ermöglicht euch diese Wahlmöglichkeiten. Das gibt es nicht in der Wirklichkeit. In der Wirklichkeit ist alles in Einklang mit dem göttlichen Willen.

In der Dualität erfahrt ihr diese Energie in Form der Mahatma-Energie. Es ist ein Zustand der vollkommenen Harmonie mit dem göttlichen Willen. Es ist der tiefste Zustand der bedingungslosen Liebe und des tiefsten Friedens. Ihr habt immer wieder die Wahl, diesen Zustand zu erleben und zu erfahren.

Erkennt eure Macht und Schöpferkraft. Erkennt und lebt euer Leben in Freiheit und Selbstbestimmung.

Freiheit und Selbstbestimmung

Wir rufen euch. Wir rufen – erinnert euch. Wir werden euch helfen. Wir rufen euch zu: Vertraut, geht in die Absicht, zu erwachen.

Sprecht es aus:

»Ich erkläre mich bereit, dem Weckruf meiner Seele zu folgen. Ich gehe in die Absicht, meine Göttlichkeit anzunehmen und zu erwachen. Ich gehe in die Absicht, mich für die vollkommene Heilung zu öffnen.«

Lasst die Wunder zu. Befreit euch von fremdbestimmten Gedanken, die nicht die euren sind. Befreit euch davon, euch an dem Leben anderer zu orientieren. Es ist nicht das eurige. Befreit euch davon, Wege einzuschlagen, die andere gegangen sind. Es sind nicht die eurigen. Befreit euch davon, sein zu wollen wie andere, ihr seid nicht die anderen. Führt euer selbstbestimmtes, individuelles Leben.

Lebt eure Einzigartigkeit und Individualität. Der Planet braucht eure Fähigkeiten.

Es werden neue Berufe, neue Ideen auf Erden hervorgebracht, und es werden neue Strukturen entstehen.

Dazu bedarf es eurer mit euren Fähigkeiten und eurem Wissen, und ihr müsst euch freimachen von veralteten Denkweisen und Strukturen, die nicht mehr eurer Persönlichkeit entsprechen. Darum müsst ihr durch so viele Prozesse hindurch – damit ihr frei seid.

Versteht ihr? Versteht ihr nun, warum der Heilungsprozess so wichtig ist?

Es geht um den Heilungsprozess des kompletten Planeten. Und dieser Planet braucht neue Lösungen, neue Strukturen. Die alte Lebensweise hat den Planeten und die komplette Menschheit beinahe zerstört. Ihr könnt diese alten Strukturen und eure alte Lebensweise nicht mitnehmen in ein Neues Zeitalter. Das funktioniert nicht.

Aus diesem Grund zerbrechen jetzt so viele alte Strukturen. Es wird sich vieles verändern. Fürchtet euch nicht vor diesen Veränderungen. Denkt an das Haus, das komplett neu renoviert wird. Das geschieht jetzt auch mit eurem Planeten. Bleibt im Vertrauen. Vertraut euch unserer Führung an. Ihr und eure Kinder – ihr seid die Erbauer des Neuen Zeitalters.

Wir wissen, wer diese Zeilen liest. Wir wissen es. Wir können euch beim Namen nennen. Jeden Einzelnen von euch.

Visionen eines Neuen Zeitalters

Eure Kinder

Schaut es euch an, dieses Neue Zeitalter, das Goldene Zeitalter, oder auch das Wassermannzeitalter genannt. In den 60er und 70er Jahren kündigte es sich zum ersten Mal an. Die damalige Generation hatte Träume und Visionen, wollte aus dem gewohnten Trott ausbrechen. Doch sie konnten ihre Träume nicht verwirklichen, der richtige Zeitpunkt war noch nicht gekommen. Es war ein sogenannter »Vortrupp«.

Die Zeit ist jetzt! Eure Kinder sind schon komplett auf dieses Neue Zeitalter ausgerichtet. Es sind uralte, weise Seelen. Und ihr wundert euch, warum sie rebellieren und angeblich unter »Lernstörungen« leiden. Wie können sie sich denn anpassen, sie sind die Erbauer des Neuen Zeitalters. Sie tragen das Wissen, das Können und die Visionen in sich. Deshalb müsst ihr eure Kinder auch ernst nehmen. Sie sind ausgerichtet auf die kommenden neuen Strukturen, nicht auf das momentane System. Nehmt eure Kinder ernst. Sie lassen sich nicht irgendein beliebiges System aufstülpen, das nicht ihrer Persönlichkeit entspricht. Sie sind sehr weit. Sie wollen, dass ihr hinschaut.

Wenn Sie von uns erzählen und beschreiben, wie wir aussehen, dann hört hin. Nehmt ernst, was sie euch erzählen, denn sie erzählen euch von der Wirklichkeit.

Gebt ihnen den Raum und die Zeit, um zu spielen. Hetzt sie nicht von Termin zu Termin, von Sportverein zu Sportverein, oder was ihr alles für sie plant. Lasst ihnen den Raum, Kind zu sein. Geht mit ihnen hinaus in die Natur, geht mit ihnen ins Wasser.

Reglementiert nicht zu streng ihren Tagesablauf. Lasst ihnen noch Spielraum für ihre Spontaneität. Und vor allem: Hört ihnen zu! Sorgt dafür, dass sie immer bei sich bleiben können, dass sie sich nicht verlieren. Hört ihnen zu! Seid ehrlich zu ihnen. Spielt ihnen nichts vor. Wenn ihr müde seid, dann sagt es ihnen, statt gestresst zu reagieren, wenn ihr zu müde seid, um mit ihnen zu spielen. Sie verstehen euch. Aber seid ehrlich zu ihnen. Nehmt ernst, was sie euch erzählen. Fördert, dass sie in Kontakt mit uns, der Geistigen Welt, bleiben. Und fördert, dass sie ihre Wünsche ernst nehmen. Fördert ihre Intuition. Ihr wisst, wie schwierig es ist, wieder zu sich zu finden.

Darum sorgt dafür, dass sie sich nie verlieren, sondern immer bei sich bleiben, dann haben sie es einfacher. Wie ihr sind sie der Dualität unterworfen. Diese Seelen haben sich aus Liebe für den Planeten

Erde und die Menschheit entschlossen, erneut zu inkarnieren, um ihr Wissen und ihre Fähigkeiten in dieses Geschehen einzubringen.

Manche haben körperliche Beschwerden auf sich genommen, um ihre Eltern wachzurütteln und auf den Weg zu bringen.

Eure Kinder sind höchste göttliche Wesen, sie stammen aus den unterschiedlichsten Frequenzen des Universums, von unterschiedlichen Planeten. In früheren Inkarnationen waren sie Hohepriester, Wissende, Seher, Magier und Heiler.

Sorgt dafür, dass sie sich nicht vergessen. Fördert den Kontakt eurer Kinder mit den Engeln der Meere, den Delfinen. Gerade autistische Kinder. Besorgt ihnen Klänge von Walen und Delfinen. Allgemein tun ihnen Tiere sehr gut. Sie können mit Tieren kommunizieren. Geht mit ihnen in die Natur. Sie brauchen es, damit sie in Kontakt mit sich bleiben. Sie brauchen den Kontakt zu den Elementen und Naturgeistern. Es ist für ihre Seele so wichtig. Bedenkt, wie anstrengend diese Inkarnation für diese Kinder ist – sie schwingen bereits in der Energie des Neuen Zeitalters und müssen momentan ihre jetzige Energie ständig drosseln. Darum helft ihnen, dass sie bei sich bleiben können.

Natürlich müsst ihr ihnen Grenzen aufzeigen, denn sie kommen teilweise mit einem sehr starken Selbstbewusstsein auf die Welt und überschreiten damit einige Grenzen. Bestimmte Regeln des Miteinanders müssen nun einmal beachtet werden. Aber – es ist wichtig: Fördert eure Kinder. Hört ihnen zu, redet mit ihnen.

Der Geistigen Welt ist aufgefallen, dass nicht mehr genügend mit den Kindern geredet wird. Ihr müsst mit ihnen reden. Und sie lieben Rituale: Schmuserituale, Vorleserituale … Ihr werdet mit ihnen gemeinsam herausfinden, was ihnen und euch guttut.

Wir wissen, wer eure Kinder sind. Wir wissen es. Wir können jedes Einzelne beim Namen nennen. Unter euren Kindern versammeln sich die Würdenträger des Universums. Es sind uralte, weise Seelen. Wir können jedes Einzelne beim Namen nennen.

Visionen

Jetzt nehmen wir euch an die Hand und flüstern euch ins Ohr: Erinnere dich. Erinnere dich. Du hast den Plan mit entworfen: die Rückkehr des Goldenen Zeitalters. Erinnere dich. Du hast zugestimmt, dass dieser Planet und die Menschheit erwachen.

Die Rückkehr des göttlichen erwachten Menschen auf Erden. Frei, selbstbestimmt, machtvoll, erfüllt von einer allumfassenden göttlichen Liebe.

Dieser Planet ist wieder erblüht in seiner vollkommenen Schönheit. Er befindet sich wieder im Gleichgewicht. Das ökologische Gleichgewicht ist wieder hergestellt. Die einst verschmutzten Seen, Flüsse und Meere sind wieder rein.

Vorbei die Zeiten der unterirdischen Atomversuche, des Missbrauchs und der Ausbeutung von Mutter Erde. Was einst Wüste war, erblüht in unbeschreiblichem Grün. Das Klima hat sich verändert. Einige Gebiete, in denen ihr jetzt lebt, sind vielleicht milder geworden. Auch eure Tier- und Pflanzenwelt hat sich verändert. Einige Tiere und Pflanzen haben euren Planeten während des Übergangs verlassen, neue sind gekommen. Es gibt keine Umweltverschmutzung mehr. Der Mensch des Neuen Zeitalters achtet und liebt seinen Planeten, er würde nichts tun, was diesem kostbaren Planeten schaden oder ihn verletzen würde.

Dementsprechend könnt ihr euer Herz für die Lösungen öffnen. Ja, diese Lösungen existieren längst. Ihr werdet sie umsetzen. Wir wissen, dass ihr so lange daran gehindert wurdet. Aber nicht mehr lange. Eure Zeit ist jetzt!

Der Mensch des Neuen Zeitalters liebt und ehrt seinen Planeten. Er ehrt und achtet die Tier- und Pflanzenwelt. Vorbei die Zeiten der Massentierhaltung und Tiertransporte. Vorbei die Zeiten der zunehmenden Beschränkung des Raums für die Tierwelt.

Der Mensch des Neuen Zeitalters sorgt dafür, dass Tier und Mensch in Harmonie zusammenleben können. Er sorgt dafür, dass die Tierwelt genügend Raum hat.

Der Mensch des Neuen Zeitalters hat eine höchst entwickelte Technologie zur Verfügung, viel moderner als momentan, die aber Lady Gaia in keinster Weise schadet. Dadurch entstehen viele neue Berufe, andere werden verschwinden.

Versteht ihr, warum so viele Menschen ihren Arbeitsplatz verlieren? Versteht ihr, warum so vieles scheinbar zusammenbricht? Alles, was nicht den neuen zukünftigen Strukturen entspricht, kann nicht mehr von Bestand bleiben. Alles, was aus dem Ego entstand und nicht aus dem Herzen, aus der Wahrhaftigkeit heraus, kann nicht mehr bleiben. Alles, was der Wirklichkeit entspricht, bleibt bestehen.

Euer Gesundheitssystem wird sich komplett verändern. Es wird keine Krankenhäuser mehr geben. Es geht um die Gesunderhaltung und Verjüngung. Es werden wieder Tempel entstehen, wie einst in Atlantis und Lemurien, in denen ihr euch erfrischt und verjüngt.

Allgemein werden sich eure wirtschaftlichen und gesellschaftlichen Strukturen komplett verändern. Niemand kann euch mehr Angst einjagen. Ihr lasst euch nicht mehr belügen, ihr seid nicht mehr machtlos. Ihr seid nicht mehr krank und gebrechlich.

Ihr seid autark und selbstbestimmt. Ihr seid komplett andere Menschen. Dementsprechend wird sich alles verändern. Ihr tragt die Lösungen in euch, wie diese neuen Strukturen aussehen werden. Bedenkt, die momentanen Strukturen sind noch auf den Menschen der Vergangenheit ausgerichtet, der sich seiner selbst nicht mehr bewusst war und den man mit Angst steuern und manipulieren konnte. Jetzt ist der Mensch erwacht, die alten Strukturen können nicht mehr funktionieren. Versteht ihr nun, warum alles bröckelt?

Versteht ihr nun?

Euer Familienleben wird sich verändern. Der Mensch der Neuen Zeit wird nicht mehr diese Einsamkeit spüren. Es wird keine Scheidungen mehr geben, da die Partnerschaft auf der Ebene der göttlichen Liebe gelebt wird. Die Verträge laufen dann anders. Ihr seid geheilt – dieses Mal geht es um das Erfahren der eigenen Göttlichkeit.

Ihr könnt euch nicht mehr im Strudel der Dualität verlieren. Es ist vorbei. Ihr wisst, wer ihr seid. Ihr habt euch gefunden.

Das Miteinander ist geprägt von gegenseitiger Achtung und Respekt.

Das Schulsystem wird so ausgerichtet sein, dass die Kinder von Anfang an lernen, ihr eigener Schöpfer zu sein, ihre Visionen ernst zu nehmen. Es geht nicht mehr um das reine Lernen von Fakten, sondern auch um die Förderung des kreativen Potenzials. Es geht um die Stärkung der Gedankenkraft, um die Unterscheidung zwischen Ego und Wirklichkeit. Es geht darum zu erkennen, den Spiegel des Umfelds zu deuten.

Es geht um »Intuitionstraining«. Es geht darum zu lernen, auf die eigenen Impulse zu hören und ihnen nachzugehen. Es geht darum zu unterscheiden, was das Eigene und was fremdbestimmt ist. Es geht darum, dass das Bewusstsein der Göttlichkeit aufrechterhalten bleibt und nicht mehr verloren geht.

Das Leben im Goldenen Zeitalter wird so anders sein.

Vor allem – es wird keine Armut mehr geben. Den Menschen, denen es nicht so gut geht, wird nicht nur mit finanziellen Mitteln geholfen, sondern sie werden im Erkennen und Wiedererkennen der eigenen Göttlichkeit gefördert, sodass sie auf eigenen Beinen stehen werden. Das wird in der Anfangszeit des Goldenen Zeitalters so sein, da ein großer Teil der Menschheit erwacht ist und ein Teil sich noch auf dem Weg befindet. Ihnen wird geholfen. Einst wird der Tag eintreten, an dem jeder Mensch vollkommen erwacht ist.

Es wird keinen Hunger, keine Armut, kein Leid mehr auf Erden geben.

Vor allem: Es wird keine Kriege mehr geben. Mit dem Tag, an dem im größten Krisenherd eurer Welt, im Heiligen Land, der Frieden einkehrt, wird Frieden auf Erden sein.

Es ist das Erwachen des Goldenen Jerusalems. Es spielt keine Rolle, welcher Religion ihr angehört und welchen Weg ihr für euch gewählt habt. Es spielt keine Rolle.

An dem Tag, an dem Frieden im Nahen Osten einkehrt, wird das Goldene Jerusalem erstrahlen. Es ist die Metropole der Neuen Zeit. Es ist das Symbol für das Goldene Zeitalter. Das Goldene Jerusalem ist überall. An dem Tag ist Frieden auf Erden eingekehrt. An dem Tag seid ihr komplett im Neuen Zeitalter.

Ein göttlich erwachter Mensch auf Erden führt keinen Krieg. Ein göttlich erwachter Mensch lebt in der Liebe und Fülle. Ein göttlich erwachter Mensch ehrt jede Religion, der sein Gegenüber angehört, und jeden Weg, den sein Gegenüber geht. Es gibt kein besser oder schlechter. Es gibt nicht die einzig wahre Religion oder den einzig wahren Weg. Nein – es gibt so viele Wege, die zum Erwachen führen, wie es Menschen auf Erden gibt.

Deswegen ehre die Religion, die dein Gegenüber ausübt, ehre den Weg, den dein Gegenüber geht. Denn damit ehrst du überall Gott – denn Gott ist ALLES.

Und Gott sprach:

»Einst wird der Tag kommen, an dem die Menschheit erwacht ist. An dem die Menschheit sich wieder erkennt und im Hier und Jetzt ist. Einst wird der Tag kommen, an dem das Juwel unter den Planeten, Mutter Erde, wieder in seiner kompletten Schönheit und Herrlichkeit erstrahlt. Einst wird der Tag kommen, an dem das Leiden meines Sohnes nicht umsonst war. Denn er hat es euch vorgelebt. Er hat es euch vorgelebt. Er hat euch gezeigt, wie es ist, als göttlicher Mensch auf Erden zu wirken.

So werdet ihr wirken. So wirkt ihr. Es ist. Die Menschheit kehrt zurück in den einstigen Garten Eden. So wird es sein. So ist es. Ihr tragt diese Vision in euch, und diese Vision ist.«

Hymne an Lady Gaia – Mutter Erde

Wir bitten euch, folgende Worte an Lady Gaia zu richten. Sie braucht euch und eure Liebe. Sie geht durch das Gleiche wie ihr. Stellt eine Verbindung zum Erdmittelpunkt her und erdet euch dort. Gleichzeitig stellt ihr eine Verbindung zum Universum her. Öffnet ganz bewusst euer Kronenchakra und öffnet euch für die Heilungs- und Gnadenenergie, die jetzt durch euch zu Lady Gaia fließt.

»Mutter Erde – Lady Gaia, ich sende dir die Heilungs-, Gnaden- und Liebesenergie, die jetzt durch mich zu dir fließt.

Ich bedanke mich, dass du mich all meine Leben getragen hast, mich angenommen und genährt hast. Ich weiß, was du erleidest.

Ich verneige mich vor dir, vor deiner Größe. Ich trage meinen Anteil dazu bei, damit du heilst. Ich heile mich und nehme dir meinen Anteil. Du musst ihn nicht für mich tragen. Ich teile dir meine Vision mit. Ich erkläre mich bereit, meinen Anteil dazu beizutragen, indem ich meinen Weg gehe. Indem ich meine Visionen umsetze.

Mit meiner Heilung trage ich dazu bei, dass du heilst. Mir ist es wichtig, dass du es weißt. Mir ist es wichtig, dass du meine Liebe und Achtung vor dir spürst. Ich werde nicht mehr zulassen, dass man vergisst, dich zu ehren, zu achten und zu lieben.

Dieses gehört der Vergangenheit an. Die Menschheit wird sich wieder erinnern, dass du ein lebendiges Wesen mit einem Bewusstsein bist. Ich hatte mich vergessen, ich hatte dich vergessen. Das ist vorbei. Ich liebe dich, ich ehre dich, ich achte dich.

Ich bedanke mich bei dir.«

Lady Gaia wird es euch danken. Sie braucht jeden Einzelnen von euch. Sie braucht eure Liebe. Es tut ihr gut, wenn ihr mit ihr redet, wenn ihr sie wieder spürt.

Ihr bewirkt damit so viel Gutes für den Heilungsprozess von Lady Gaia, und gleichzeitig werdet ihr es von ihr zurückerhalten.

Ihr seid so gesegnet. Die Geistige Welt verneigt sich vor euch. Wir wissen, wer diese Zeilen liest. Wir wissen es. Wir kennen dich. Wir wissen, was dich belastet und zurzeit beschäftigt. Wir wissen um deine Ängste und Nöte – und wir sagen dir:

»Du befindest dich im Heilungsprozess. Du hast für dich selbst die Zeit beschleunigt.

Du hast für dich beschlossen, früher zu erwachen, als du zu Beginn deiner Inkarnation geplant hattest. Du hast mit deiner Seelenfamilie beschlossen, den Aufstieg des gesamten Planeten und der Menschheit zu beschleunigen. Die Dinge verlaufen schneller, als du es zunächst für dich festgelegt hattest. Wir wissen um dich. Wir kennen dich und deinen Seelenplan. Wir verneigen uns vor deiner Größe, und wir helfen dir.

Wann immer du uns rufst, wir sind an deiner Seite. Wir wünschen uns nur eins: VERTRAUE uns. Lass dich von uns führen. VERTRAUE uns, auch wenn die Dinge scheinbar anders laufen. Das Gesamtergebnis wird dich überraschen und deine Visionen noch bei Weitem übertreffen, denn du kannst aus der Dualität heraus nicht alles erfassen. Darum VERTRAUE uns – göttlicher Mensch auf Erden.«